Der Dorfschullehrer
KURT PFAFFENBERG

Syke 2019

Kurt Pfaffenberg in späteren Jahren.

DER DORFSCHULLEHRER KURT PFAFFENBERG
1888-1971

Botaniker
Archäologe
Heimatforscher
Volkskundler

Bearbeitet von

ANGELIKA STILLER-BEER
RAYMONDE DECKER
HEINZ RIEPSHOFF
RALF VOGEDING

… an einer Sulebrücke. (1930)

Vorwort

Das Stadtarchiv Sulingen birgt mit dem fotografischen und wissenschaftlichen Nachlass von Kurt Pfaffenberg einen heimatkundlichen Schatz. Teile daraus wurden zwar immer wieder in Artikeln und Schriften verwendet, was fehlt, das ist jedoch eine Gesamtdarstellung seiner Person und seines Lebenswerkes. Sie erfolgt in diesem Begleitkatalog der gleichnamigen Sonderausstellung.

Als Lehrer der einklassigen Volksschule in Vorwohlde bei Sulingen (seit 1909) durchstreifte er die nähere und weitere Umgebung im damaligen Kreis Sulingen. Neben der Natur, insbesondere den ihn umgebenden Mooren warf er seine Blicke auf die kulturellen Hinterlassenschaften der Menschen, ganz dem Gedankengut der damaligen Heimatbewegung verpflichtet. Schon früh fand er in der Pollenanalyse die Möglichkeit wissenschaftlicher Bestätigung und leistete damit über Jahrzehnte hinweg wichtige Beiträge zur Siedlungsforschung wie zur Vorgeschichte und Moorforschung, dargelegt in zahlreichen Veröffentlichungen. Das Landesmuseum Hannover führte ihn als Mitarbeiter, und er war Mitglied wichtiger naturhistorischer Gesellschaften und Vereine. Als Naturschutzbeauftragter des Landkreises Grafschaft Diepholz von 1945 bis 1952 wirkte er an der Unterschutzstellung so mancher wertvoller Landschaftselemente mit und bemühte sich um die Erhaltung ursprünglicher Landschaftsbilder. Zu Lebzeiten erfuhr er zahlreiche Ehrungen. 1981 benannte die Stadt Sulingen eine Straße nach ihm.

Der Landkreis Diepholz, das Kreismuseum Syke und das Bauernhausarchiv freuen sich, mit Ausstellung und Buch diesen um die heimische Natur, Kultur und Geschichte verdienten Mann noch vor seinem 50. Todestag würdigen zu können.

Ein herzlicher Dank gilt Stadtarchivar Hajo Wieting und seinen Mitarbeitern im Sulinger Archiv, ohne deren Entgegenkommen und Mithilfe weder Buch noch Ausstellung möglich gewesen wären. Zu danken ist ferner dem Kreisarchivar Stephan Kathe, dem Diepholzer Stadtarchivar Kim-Oliver Lange und nicht zuletzt den Autorinnen und Autoren dieser Schrift, die gemeinsam auch die Ausstellung kuratiert haben.

Frau Heidi Schulze, Großnichte von Marie Pfaffenberg, hat das private Fotoalbum von Marie und Kurt Pfaffenberg zur Verfügung gestellt und Frau Edith Albers, geb. Cording ihre Arbeit über Vorwohlde aus den 1960er Jahren. Auch ihnen und weiteren Zeitzeugen sind wir zu Dank verpflichtet.

Die Ausstellung wurde gefördert vom Landschaftsverband Weser Hunte mit Mitteln des Landes Niedersachsen.

Cord Bockhop
Landrat des Landkreises Diepholz

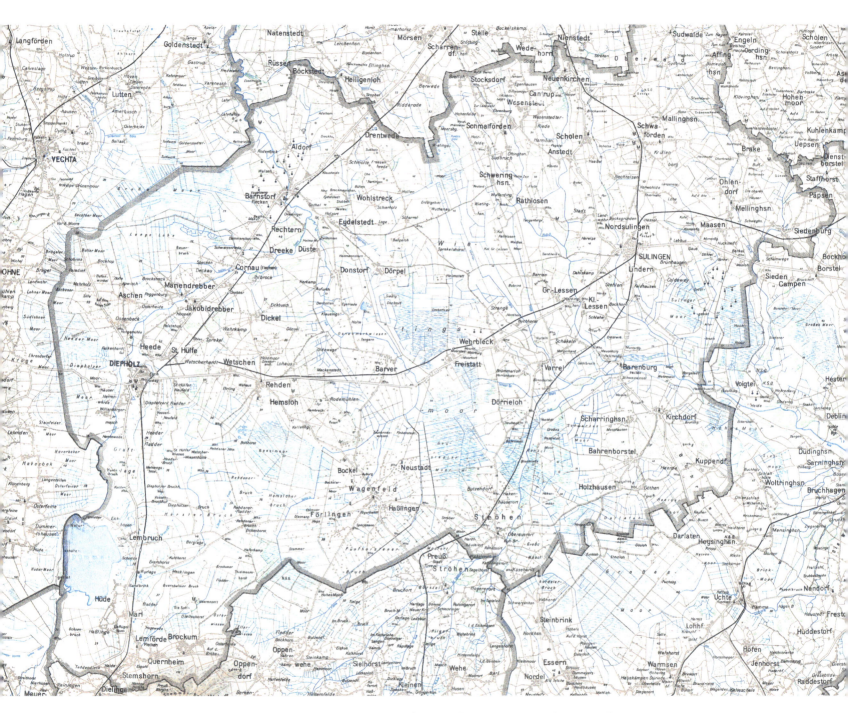

Der Hauptwirkungsbereich Kurt Pfaffenbergs, der Kreis Grafschaft Diepholz, um 1932 *(Kreiskarten-Verlagsanstalt 1962)*.

Inhalt

Kurt Pfaffenberg (1888-1971)
Dorfschullehrer und Wissenschaftler 9

Kurt Pfaffenberg und seine Arbeiten
im Bereich der Naturkunde 19
- Heutige Naturschutzgebiete 28
- Pflanzen der Moore 37
- Verschiedene Moore 44
- Torfnutzung 49
- Unsere Moore
  (Flachmoor, Hochmoor, Tote Hochmoore) 52

Kurt Pfaffenberg – Der Archäologe 75
- Grabhügel 84
- Ausgrabungen in Rathlosen 86
- Ausgrabungen in Holtdorf 88
- Grabhügel in Nechtelsen 90
- Ausgrabungen in Vorwohlde 94
- Ausgrabungen in Wesenstedt 98
- Bohlenwege 102
- Ringwallanlage in Stöttinghausen 110
- Ausgrabungen an Hunte und Dümmer 114
- Hunte 1 – Ausgrabungstechnik 120
- Literatur 125

Kurt Pfaffenberg und die ländliche Baukultur 127
- Landschaft und Dorfbilder 134
- Häuser von Bauern und Häuslingen 146
- Diele, Herd und Stube 168
- Wirtschaftsgebäude 176
- Mühlen – vom Mahlstein zum Galerieholländer 188
- Kirchen und andere Bauten 200

Kurt Pfaffenberg – Der Volkskundler 212
- Mobiliar und Hausrat 218
- Flachsverarbeitung 228
- Ländliches Handwerk und Nebengewerbe 238

Wissenschaftliche Publikationen
von Kurt Pfaffenberg 246

*Das alte Schulhaus Vorwohlde, errichtet 1837, Foto wahrscheinlich um 1920, als die Nutzung als Schule bereits aufgegeben war.
(Foto aus: Meine Jahresarbeit über das Dorf Vorwohlde 1967-1968 von Edith Cording, Privatbesitz)*

Ralf Vogeding

Kurt Pfaffenberg (1888-1971)
Dorfschullehrer und Wissenschaftler

Der Heimatforscher, Naturwissenschaftler und Naturschützer Kurt Pfaffenberg hat in seinem Leben zahlreiche Würdigungen erfahren. So verwundert es nicht, dass ihm in der Sulinger Zeitung aus den verschiedenen Anlässen Artikel gewidmet wurden, in denen über sein Leben und Wirken berichtet wurde[1], der letzte fast 20 Jahre nach seinem Tod zu seinem hundertsten Geburtstag. Sogar in den Berichten der Naturhistorischen Gesellschaft Hannover erschien 1971 ein ausführlicher Nachruf, in dem vor allem sein naturwissenschaftliches, in rund 25 größeren Veröffentlichungen dargelegtes Wirken Erwähnung fand.[2] Unerwähnt blieben aber auch nicht seine Verdienste in der Heimatforschung, für den Naturschutz in seinem Heimatkreis sowie für die Sicherung und Dokumentation zahlreicher vorgeschichtlicher Bodenfunde. Dies bedeutete für ihn, den Lehrer einer einklassigen Landschule, Zusammenarbeit mit den Persönlichkeiten verschiedener Forschungsinstitutionen, insbesondere in Niedersachsen, und führte, wie im Nachruf ausdrücklich vermerkt wird, zu persönlichen Freundschaften.

In einem Jahrzehnte nach seinem Tod 2012 herausgegebenen Band über bedeutende Persönlichkeiten Sulingens findet sich auch ein Kapitel über Kurt Pfaffenberg.[3] Dies beweist, dass er in der Stadt, in der er 62 Jahre seines Lebens verbrachte und deren Umgebung er durchstreifte, erforschte und bereits seit Mitte der 1920er Jahre auf zahlreichen Fotografien dokumentierte, nicht vergessen ist. Die Zeitschrift Niedersachsen widmete ihm 1988 zu seinem 100. Geburtstag ebenfalls einen Artikel mit dem für sein wissenschaftliches Lebenswerk bezeichnenden Titel „Kurt Pfaffenberg und die Pollenanalyse". Dies alles belegt, dass er neben seiner pädagogischen Tätigkeit als Lehrer der einklassigen Volksschule Vorwohlde, Gemeinde Nordsulingen, der er 41 Jahre, das heißt sein ganzes Berufsleben lang treu blieb, ein zweites Leben als Forscher führte, bei dem ihm seine Frau stützend zur Seite stand.

Kurt Pfaffenberg um 1940 – korrekt gekleidet, wie ihn seine Schüler in Erinnerung hatten.

Die Eckdaten seines Lebens, wie sie aus den Artikeln und dem Personalbogen in seiner Personalakte hervorgehen, sind kurz berichtet.[4]

Kurt Pfaffenberg, als Sohn eines Zollassistenten in Halberstadt geboren, kam mit den Eltern als Kind nach Nienburg, besuchte dort die achtklassige Volksschule, die er wahrscheinlich mit guten Noten abschloss, denn im Anschluss besuchte er drei Jahre die Präparande in Hannover, danach drei Jahre das Lehrerseminar in Hannover, um nach Abschluss

Schule Vorwohlde aus dem Jahr 1914 (um 1930)

Klassenraum der Schule Vorwohlde. Unterricht bei einem Vertretungslehrer (um 1930).

der ersten Lehrerprüfung 1909 die einklassige Volksschule in Vorwohlde in der damaligen Gemeinde Nordsulingen zu übernehmen. Dort legte er 1911 die zweite Lehrerprüfung ab und erhielt eine feste Anstellung im Schuldienst. Mit Vorwohlde im damaligen Kreis Sulingen blieb er in der Nähe des Ortes, in dem er aufgewachsen und der ihm mit seiner Umgebung wohl auch zur Heimat geworden war. 1914 begann der 1. Weltkrieg, an dem er von 1915 bis 1918 als Landsturmmann in der Infanterie, zuletzt im Range eines Gefreiten, teilnahm. Er erhielt das Frontkämpferabzeichen, mehr ist uns über diese Zeit seines Lebens nicht bekannt. 1918 heiratete er im Fronturlaub Marie Freye aus Thiermann, eine seiner ersten Schülerinnen. Gemeinsam lebten sie nach Kriegsende bis zu seiner 1950 aus gesundheitlichen Gründen erfolgten vorzeitigen Pensionierung im Schulhaus Vorwohlde, danach zogen sie nach Sulingen in die Parkstraße Nr. 24. Dort starb Kurt Pfaffenberg 83-jährig im Jahr 1971.

IM SCHULDIENST

Als Pfaffenberg als 21-Jähriger 1909 nach Vorwohlde kam, fand er hier noch die beengten Verhältnisse im kleinen, in den 1830er Jahren errichteten Schulhauses vor. Ob er dort auch seine Wohnung hatte, ließ sich nicht mehr feststellen. Bereits vor dem 1. Weltkrieg, 1913, konnte er nicht nur mit seinen Schülerinnen und Schülern, sondern auch privat in das für den Schulverband Nordsulingen in Vorwohlde errichtete massive, im Vergleich zu den vorherigen Verhältnissen geräumige und den Erfordernissen der Zeit mehr entsprechende Schulgebäude umziehen. Ob und inwieweit dieser Neubau mit auf seinen Einfluss zurückgeht, bleibt offen, ist aber zumindest denkbar.

Vorwohlde gehörte zu Pfaffenbergs Zeit zur Gemeinde Nordsulingen neben ein paar weiteren, meist nur aus wenigen Haus- und Hofstellen bestehenden Orten. Zum Schulverband der Volksschule Vorwohlde zählte u.a. auch der Nach-

Kurt Pfaffenberg mit Klassenbuch (1940er Jahre).

Auf einem Ausflug im Wald (um 1930).

barort Nechtelsen, aber auch Thiermann, der Geburtsort seiner Frau.[5]

In der Gemeinde Nordsulingen gab es zu Pfaffenbergs Zeiten zwei Schulen, eine in Vorwohlde, die andere in Nordsulingen. Die Vorwohlder Schule erhielt 1947, also drei Jahre vor Pfaffenbergs Pensionierung wegen der vielen Flüchtlingskinder eine zweite Lehrerstelle. Im Zuge der Schulreformen der 1960er Jahre wurden die Schulen in Vorwohlde 1970 und in Nordsulingen bereits 1966 aufgelöst.[6]

Die Schulgemeinde Vorwohlde war bis weit in die erste Hälfte des 19. Jahrhunderts hinein noch ausgesprochen bäuerlich geprägt. Im Jahr 1941 wurden 10 Schülerinnen und Schüler neu eingeschult, es ist also von einer Gesamtschülerzahl in den acht Klassenstufen von ungefähr 70 auszugehen, die der Lehrer Pfaffenberg alleine in einem Klassenraum zu unterrichten hatte. Dies funktionierte nur mit einem hohen Anteil an Stillarbeit und Helfern aus den höheren Stufen im sogenannten Abteilungsunterricht. Gruppenarbeit wie sie von Junglehrern bereits seit Ende der 1940er Jahre eingeführt wurde, gab es bei Pfaffenberg bis Ende der Dienstzeit 1950 nicht.[7]

Die befragten Zeitzeugen schildern ihn als einen guten Lehrer mit besonderen Schwerpunkten in der Naturkunde und im Sport, der aber vor dem Gebrauch des Stockes nicht zurückschreckte.[8] Was die Strafen anbelangt soll er die Mädchen milder behandelt haben. Immer sei er korrekt gekleidet gewesen. Sein Markenzeichen war in der Erinnerung der Schüler die Pfeife. Pfaffenberg erhielt seine Lehrerausbildung noch im Kaiserreich, war Weltkriegsteilnehmer. Dies prägte wie bei den meisten seiner Generation jahrzehntelang nicht nur seinen Unterrichtsstil, sondern auch seinen Begriff von Recht und Ordnung in der Schule.

Die Schüler erinnern sich an regelmäßige Ausflüge und Wanderungen in die Natur sowie an den großen Gemüse- und Obstgarten am Schulhaus, in dem sie auch zu Arbeiten herangezogen wurden. Seine naturwissenschaftlichen Aktivitä-

Das Ehepaar Pfaffenberg in der Natur (1940er Jahre).

Die Naturverbundenheit des Ehepaares Pfaffenberg kommt auch in der Gestaltung des eignen Gartens am Schulhaus zum Ausdruck (1940er Jahre).

ten blieben ihnen nicht unbekannt, auch das kleine Forscherlabor, das er sich in seinem Wohnungsteil eingerichtet hatte, kannten sie.

Wenn er wegen dieser Arbeiten längere Zeit abwesend war, hätten Vertretungslehrer und -lehrerinnen den Unterricht erteilt. Im Ort Vorwohlde sei er anerkannt gewesen, nahm auch an Beerdigungen teil. Allerdings können sie sich an keine Aktivitäten wie bei anderen Dorfschullehrern, die herausragende Positionen in Sport,- Gesangs- und anderen Vereinen übernahmen, erinnern. So ist es gut möglich, dass er den Nordsulingern in seiner korrekten Art, die sich auch in seiner Kleidung, immer mit Anzug und Krawatte, äußerte, eine Respektsperson war, aber doch ein Stück weit fremd blieb.

In seiner Personalakte finden sich die Ergebnisse der Überprüfung der Leistungen seiner Schülerinnen und Schüler von 1930, die danach einige Schwächen aufwiesen, weshalb dem Lehrer Pfaffenberg insgesamt nur ein „recht befriedigend" gegeben wurde.[9] Auch dies deutet darauf hin, dass Pfaffenberg seinem Lehrerberuf zwar gewissenhaft, aber ohne innere Leidenschaft nachkam.

Diese gehörte zweifellos der Naturkunde, dem Naturschutz, aber letztendlich auch den vorgeschichtlichen und alltagskulturellen Überlieferungen seiner Heimat.

DER FOTOGRAF

Er erkundete mit dem Fahrrad oder auch damals schon mit dem Motorrad, das er nach Aussagen der Schüler in den 1940er Jahren besaß, die Region um seinen Wohnort und begann mit seiner Kleinbildkamera Fotos der Landschaft, der Vegetation, aber auch von historischen Gebäuden, Mobiliar und überlieferten Haushaltsgegenständen wie Arbeitsvorgängen zu machen. Insgesamt entstand so ein Bildarchiv von ungefähr 600 Fotos, die er nummerierte, listenartig kurz beschriftete und in insgesamt zwei Fotoalben einklebte. Diese Aufnahmen finden sich auch als Glasnegative in der-

Marie und Kurt Pfaffenberg im Garten. Auch hier darf das Studium der Fachliteratur nicht fehlen (um 1940).

Marie und Kurt Pfaffenberg in ihrem Wohnzimmer. Bücherwand und Schreibtisch gehören dazu (1930er Jahre).

selben Nummerierung in 10 Diakästen.[10] Diese verwendete er für seine heimatkundlichen wie wissenschaftlichen Vorträge, beispielsweise für einen Vortrag über moorgeologische Fragen auf Einladung der biologischen Fachgesellschaft im Stadtmuseum Bremen.[11] In den zahlreichen ihn würdigenden Artikeln und Beiträgen wird immer wieder auch dieses Bildarchiv als eine seiner wesentlichen Leistungen und Hinterlassenschaften benannt.

Die ersten Aufnahmen stammen aus der Mitte der 1920er Jahre, die letzten aus den 1930er Jahren. Bereits vor dem 1. Weltkrieg wird er mit der Anfang des 20. Jahrhunderts begründeten Heimatbewegung und deren Heimatschutzgedanken in Verbindung gekommen sein. Davon zeugen auch seine noch nach dem 2. Weltkrieg entstandenen heimatkundlichen Veröffentlichungen.[12] Leider gibt es in seinem Nachlass keinerlei Hinweise auf eine ihm bekannte entsprechende Literatur oder die Teilhabe an diesbezüglichen Veranstaltungen. Die Erforschung der Natur und Naturgeschichte dieses Raumes und anderer norddeutscher Regionen, die sein jahrzehntelanger Schwerpunkt wurde, verstand er in diesem Sinne immer auch als Heimatforschung.

Bei seinen Erkundungen fotografierte er nicht nur, er legte Herbarien von Gräsern und anderen Pflanzen an. Die Moorforschung wurde dabei sein Hauptaufgabengebiet. Durch die Pollenanalyse, die er erlernte und konsequent anwandte, konnte er wesentliche Beiträge zur Erforschung der Naturgeschichte, aber auch der Vorgeschichte und Siedlungsgeschichte Norddeutschlands leisten. So gelang es mit seiner Hilfe die steinzeitliche Besiedlung der Dümmer-Region zu klären.

WISSENSCHAFTLICHE FORSCHUNG

Hunderte von Bohrungen unternahm er, die er in seinem kleinen Labor im Schulhaus Vorwohlde auswertete und dann in ca. 25 größeren Aufsätzen und weiteren kleineren Arti-

Kurt Pfaffenberg um 1950 in seinem Wohnzimmer, wahrscheinlich noch im Schulhaus Vorwohlde.

Auch nach seiner Pensionierung im neuen Haus in Sulingen noch forschend aktiv, Kurt Pfaffenberg am Mikroskop und am Schreibtisch (um 1960).

keln beschrieb und einordnete. So wurde er schon bald zu einem anerkannten Partner wissenschaftlicher Institutionen wie dem niedersächsischen Amt für Bodenforschung. Bereits 1923 wurde er für Kartierungsarbeiten herangezogen. Im selben Jahr nahm er fünf bis sechs Tage an einem moorgeologischen Kurs der geologischen Landesanstalt teil, im April 1925 an einem viertägigen Lehrgang für Naturdenkmalpflege in Berlin.[13] Es bleibt offen, ob als Lernender oder bereits Lehrender. Durch zahlreiche Profilentnahmen und Bohrungen vor Ort wie anschließender Pollenanalyse im Labor half er bei so mancher Datierung vorgeschichtlicher Funde.

Aus der Beantragung von Sonderurlaub oder Beihilfen in seiner Personalakte geht weiter hervor, dass er Ende der 1920er Jahre an Tagungen der Biologischen Gesellschaft und an Vegetationskursen teilnahm. Mehrere Tage erhielt er 1933 frei, um an der Tagung der nordwestdeutschen Geologen in Nienburg mit anschließender Exkursion teilzunehmen. Diese führte wahrscheinlich in die angrenzenden Moorgebiete, die Pfaffenberg mit erforscht hatte. So heißt es für 1934, dass er ein bis zwei Tage Urlaub brauchte, um an der Ausgrabung von Bohlenwegen im Diepholzer Moor teilzunehmen, weil er für das Landesmuseum in Hannover bereits Bohlenwege untersucht hätte. Hier zeigt sich auch, wie eng seine naturwissenschaftlichen Arbeiten und sein Interesse an der Archäologie zusammenhängen.

In einem Schreiben des Direktors des Landesmuseums für Naturkunde und Vorgeschichte wird er von diesem sogar als Mitarbeiter bezeichnet. Dieser weist explizit darauf hin, dass „die finanziellen Lasten" das Landesmuseum übernimmt. Auch im 2. Weltkrieg war er mehrfach für „kriegswichtige Forschungen" beurlaubt.

Aus Anlass der Verleihung des Bundesverdienstkreuzes schrieb ihm der Schulrat am 20.2.1958: *Ihre Kollegen aber, lieber Herr Pfaffenberg, sind auch deshalb besonders stolz auf Sie, weil Sie es in unermüdlicher autodidaktischer Arbeit zu einem wissenschaftlichen Forscher von Format gebracht haben.* Aber nicht nur die Erforschung der Natur lag ihm am Herzen, sondern genauso, dem Heimatgedanken entsprechend, deren Schutz. So war er bereits, wie aus einer kurzen Notiz hervorgeht, Naturschutzbeauftragter des Kreises Sulingen bis ein Jahr nach dessen Zusammenlegung mit dem Kreis Diepholz 1932 zum Landkreis Grafschaft Diepholz.[14] Diese ist aber die einzige Information darüber. 1935 sollte er auf Wunsch des Kreises zum Kommissar für Naturschutz ernannt werden, die Kreisleitung der NSDAP wandte sich jedoch in einem Schreiben vom 26.2.1935 dagegen, weil er ihr *wohl fachlich geeignet, aber politisch für uns untragbar ist*.[15] Diese Einschätzung hängt wahrscheinlich damit zusammen, dass ihm 1935 abfällige Äußerungen über die Hitlerjugend nachgesagt wurden, die er bestritt.[16]

Statt seiner wurde der ausgewiesene Heimatforscher und Volksschullehrer Fritz Lohmeyer aus Düste ernannt, obwohl der Landrat des Kreises Diepholz sich nochmals für ihn einsetzte mit der aufschlussreichen Schlussbemerkung, er sei politisch unbedarft und lebe ganz für seine Wissenschaft.

Das hielt die Nationalsozialisten dennoch nicht davon ab, ihn 1937/38 für die Kartierung und Untersuchung des Dümmers und seiner Randmoore im Zuge der geplanten Dümmereindeichung heranzuziehen[17]. Möglicherweise war er dafür 1937 auf Drängen der NSDAP in die Partei eingetreten.

NATURSCHUTZBEAUFTRAGTER

Nach Ende des 2. Weltkrieges löste er dann Lohmeyer als Naturschutzbeauftragter des Landkreises Grafschaft Diepholz ab. Er blieb dies über seine Pensionierung hinaus bis 1952. Es folgte ihm der Vorgänger Lohmeyer nach. In den sieben Jahren seiner Tätigkeit konnte Pfaffenberg, wie den Akten zu entnehmen ist, einiges bewirken. Für Besprechungen, Begehungen u.a. musste er immer wieder Unterricht umlegen, kürzen oder sich durch den zweiten Lehrer, der nach 1945 neben ihm tätig war, vertreten lassen. Eine wichtige Aufgabe war die Unterschutzstellung des Dümmers und seiner Ränder. Pfaffenberg selbst sagt dazu in seinem Rechenschaftsbericht 1951: *Zusammengefaßt kann gesagt werden, daß in der Unterschutzstellung des Dümmers in dem Berichtsjahre gute Fortschritte erzielt worden sind. Es wird nun notwendig sein, dafür zu sorgen, daß die Beaufsichtigung des Naturschutzgebietes am Dümmer im kommenden Jahr auch wirksam durchgeführt wird. Arbeitsziel der nächsten Zeit wird es sein, neue Gebiete, auch einzelne Bäume unter Schutz zu stellen.*[18]

Private Stunden im Wohnzimmer mit seiner Frau, um 1960.

Hieraus geht auch hervor, dass die Aufgaben auch über einen eng verstandenen Naturschutz hinaus, in den Landschaftsschutz hineingehen konnten.

Ein Beispiel dafür ist die Verhandlung mit Besitzern aufgegebener Mühlen *diese als Kulturdenkmal weiter bestehen zu lassen, auch wenn sie nicht mehr in Betrieb sind*. Ziel war es, auch durch Fördermittel, einige Mühlen *dem Landschaftsbilde zu erhalten*.[19] Auch um die Erhaltung der Windmühle Henke im Labbus bei Sulingen kümmerte er sich 1950. Diese ist noch heute ein Blickpunkt im Sulinger Stadtbild. Bei Bauvorhaben

im Bereich von Landschaftsschutzgebieten hatte Pfaffenberg die Unterlagen durchzusehen und eventuell im Sinne des Natur- und Landschaftsschutzes Bedenken vorzubringen. Aus den Unterlagen der Jahre 1945 bis 1952 geht hervor, wie zeitaufwendig diese Arbeit durch Gutachten, Begehungen, Stellungnahmen, Plandurchsichten und vielem anderen war.[20]

In den letzten zwei Jahrzehnten seines Lebens war Pfaffenberg gesundheitlich gehandicapt, sodass er nicht das Amt des Naturschutzbeauftragten weiter ausführen konnte und wollte. Dennoch meldete er sich bis Mitte der 1960er Jahre weiter wissenschaftlich zu Wort.

EHRUNGEN

Nach dem 2. Weltkrieg brach die Zeit der Ehrungen an, die genaugenommen bereits 1943 mit der Verleihung der Ernst-Rudorff-Plakette wegen seiner besonderen Verdienste *um die niedersächsische Landschaft und Heimatkultur* begann.[21]

Die Hermann-Guthe-Medaille der Geographischen Gesellschaft Hannover *für seine Verdienste um die geografische Erforschung Niedersachsens* folgte 1950. Bereits drei Jahre zuvor hatte ihn die Naturhistorische Gesellschaft *in Anerkennung seiner Forschungen auf dem Gebiet der Blütenstaubkunde (Pollenanalyse)* zum korrespondierenden Mitglied ernannt.[22] Später folgte die Ehrenmitgliedschaft. Anlässlich seines 70. Geburtstages erhielt Pfaffenberg aus der Hand der Regierungspräsidentin das Bundesverdienstkreuz 1. Klasse überreicht. Es folgte zu seinem 76. Geburtstag das Verdienstkreuz 1. Klasse des Niedersächsischen Verdienstordens.

Die Stadt Sulingen benannte nach seinem Tod 1981 eine Straße nach ihm. Seinen insbesondere aus zahlreichen Sonderdrucken und zwei Fotoalben wie zwei Diakästen bestehenden wissenschaftlichen Nachlass übergab die Witwe bereits

nach seinem Tod (15.7.1971) an das Stadtarchiv Sulingen unter der Bedingung, dass er dort als geschlossene Sammlung erhalten bleibt. Ohne diesen geschlossenen Nachlass, aber auch ohne das großzügige Entgegenkommen des Stadtarchivs wären weder dieses Buch noch die begleitende Ausstellung möglich gewesen.

Zum Nachlass gehören Kästen mit großformatigen Dias im Format 100 x 85 mm für Vorträge, und die in Kästen beschrifteten Umschläge mit den archivierten Negativ-Glasplatten und dazugehörigen Foto-Abzügen. Linke Seite: Doppelseite aus dem Fotoalbum mit dem Titel „Natur-Denkmäler". Fotos: B. Kunze.

Anmerkungen

1 Die Artikel von und über Kurt Pfaffenberg sind im Stadtarchiv Sulingen, zum Teil digital, vorhanden.
2 Ber. Naturhist. Ges. 115, Hannover 1971, S. 7-10.
3 Wilhelm Köster: Kurt Pfaffenberg. In: Sulingen. Geschichte und Personen, Sulingen 2012, S. 206-208.
4 Die gesamten Personalunterlagen des Volksschullehrers Kurt Pfaffenberg befinden sich im Kreisarchiv Diepholz.
5 Vgl. hierzu Edith Cording: „Meine Jahresarbeit für das Dorf Vorwohlde", Landfrauenschule Hildesheim 1967/68. Privatbesitz, Kopie im Kreismuseum Syke. In dieser Arbeit nahm sie inhaltlich wie in vielen Fotos Bezug auf Kurt Pfaffenberg.
6 Festschrift der Einheitsgemeinde Sulingen, Sulingen 1974.
7 Befragungen ehemaliger Schülerinnen und Schüler Pfaffenbergs im Juni 2018 durch Stadtarchivar Haio Wieting und Museumsleiter Ralf Vogeding, Abschriften im Kreismuseum Syke und im Stadtarchiv Sulingen.
8 wie Anm. 7.
9 wie Anm. 4.
10 Fotoalben wie Dias befinden sich im Stadtarchiv Sulingen.
11 wie Anm. 4.
12 Hier ist vor allen Dingen der Artikel „Von alter Bauart" in der Festschrift zum hundertjährigen Bestehen des Landwirtschaftlichen Vereins Sulingen von 1951 zu nennen.
13 wie Anm. 4.
14 wie Anm. 4.
15 Kreisarchiv Diepholz Nr. 2042.
16 wie Anm. 4.
17 wie Anm. 4.
18 Zu seiner Tätigkeit als Naturschutzbeauftragter siehe: Personalakte im Kreisarchiv Diepholz und Nachlass Lohmeyer im Stadtarchiv Diepholz.
19 Kreisarchiv Diepholz Nr. 2042 und Stadtarchiv Diepholz. Nachlass Lohmeyer.
20 Stadtarchiv Diepholz, Nachlass Lohmeyer.
21 Kurt Pfaffenberg 70 Jahre. Ein Lehrer des Sulinger Landes wurde ein bekannter Wissenschaftler. Von Oberlandesgeologe i.R. Prof. Dr. W. Dienemann – Hannover. In: Unter der Bärenklaue. Heimatblätter für das Sulinger Land, Nr. 12, S. 57/58. Ernst Rudorff (1840-1916), Musikprofessor in Berlin, führend in der Heimatbewegung um 1900. Er prägte 1897 den Begriff Heimatschutz.
22 wie Anm. 21.

Angelika Stiller-Beer

Kurt Pfaffenberg und seine Arbeiten im Bereich der Naturkunde

Die Interessen des Volksschullehrers Kurt Pfaffenberg (1888-1971) gingen weit über seine berufliche Tätigkeit hinaus. Er vertiefte seine Kenntnisse in einem seiner Lieblingsfächer, der Naturkunde. So erforschte er seine nähere und weitere Umgebung und lernte die dort lebenden Tiere und Pflanzen kennen. Nach ihrer Bestimmung konservierte er große Teile der aufgesammelten Objekte, vor allem im Bereich der Botanik, der Pflanzenkunde. Die nordwestdeutsche Landschaft, so auch um seinen Wohnort Vorwohlde bei Sulingen, ist geprägt von Mooren. Diese erweckten Kurt Pfaffenbergs besonderes Interesse. Wie und wann waren sie entstanden? Wie wachsen sie? Wie entstehen die unterschiedlichen Torfschichten wie Schwarz- und Weißtorfe?
Um nähere Kenntnisse zu erlangen, sammelte er im Torf enthaltene Pflanzenreste und bestimmte sie mit Hilfe seines Mikroskops. Nach und nach richtete er sich ein kleines privates Labor ein, in dem er schließlich eine weitergehende Untersuchungsmethode anwenden konnte: die Pollenanalyse. Nicht nur Pflanzenreste wie Wurzeln, Früchte, Samen oder Moose geben Aufschluss über die Torfzusammensetzung und sein Alter, sondern auch Blütenstaub, die Pollen und Sporen.
Im Laufe der Zeit legte er sich eine Vergleichssammlung für zukünftige Arbeiten an. Kurt Pfaffenbergs Arbeiten erlangten große Anerkennung in der Fachwelt und fanden Eingang in mehrere Standardwerke seiner Zeit.

„Sulinger Bruch" (1927)

POLLENANALYSE

Die Pollenanalyse ist eine interdisziplinäre Wissenschaft. Sie wurde vom schwedischen Geologen Lennart von Post, der heute als Vater dieser Methode gilt, angewandt. 1916 veröffentlichte er erstmals ein Pollendiagramm.[1,2] Mit Hilfe der untersuchten und identifizierten Pollen lassen sich Anhaltspunkte für die Besiedlung und den zeitlichen Ablauf des untersuchten Gebiets erkennen. Heute wird diese Methode nicht nur in der Geologie, der Archäologie und der Biologie angewandt, sondern auch in der Klimaforschung und der Kriminalistik. Daneben wird beispielsweise auf die Pollenanalyse zurückgegriffen, um die deklarierte Herkunft von Honig zu kontrollieren.

Bereits 1919 wurde diese Methode auch von dem bekannten Bremer Moorbotaniker Carl Albert Weber angewandt, der sie 1920 in einem unveröffentlichten Manuskript beschrieb.

Laut verschiedener Festschriften zum 100. Geburtstag[3,4] wird Pfaffenberg gemeinsam mit Weber als Entwickler der Pollenanalyse genannt, die dann von skandinavischen Forschern weiter ausgebaut wurde. Vermutlich entspricht dies nicht ganz den Tatsachen. Aber sicherlich gehörte Pfaffenberg zu jenen Personen, die diese zu damaliger Zeit recht neue Untersuchungsmethode bereits früh anwandte. Möglicherweise verfeinerte er die Methode, aber hierzu finden sich keine Belege.

KONTAKT ZU WISSENSCHAFTLERN

Durch seine Arbeiten sowie den Austausch von Erfahrungen und Untersuchungsmaterial entwickelten sich langjährige Freundschaften mit verschiedenen Wissenschaftlern wie dem Geologen Jakob Stoller von der geologischen Landesanstalt in Berlin, dem Geologen Wilhelm Dienemann vom Niedersächsischen Landesamt für Bodenforschung in Hannover, dem Pflanzensoziologen Reinhold Tüxen sowie dem Moorbotaniker Carl Albert Weber von der Preußischen Moor-Versuchsstation in Bremen. Es war Weber, der Pfaffenberg in die Bestimmung von Pollen und die daraus entwickelte Methode der Pollenanalyse einarbeitete. Pfaffenberg nutzte diese neue Methode für unterschiedliche Forschungsarbeiten. So konnte er hiermit das Alter verschiedener Torfe ermitteln und dazu beitragen, die Wald- und Landschaftsgeschichte der Nacheiszeit bis zur Gegenwart zu rekonstruieren.

Bald hatte er sich einen Namen in der Moorforschung gemacht und wurde von den zuständigen Stellen um Rat und Mitarbeit gefragt.

FORSCHUNGSTÄTIGKEITEN

Ab 1923 wurde Pfaffenberg mehrfach angefragt, an Kartierungsarbeiten unter anderem für die Geologische Landesanstalt Berlin sowie dem späteren Niedersächsischen Landesamt für Bodenarbeit Hannover teilzunehmen. Hierzu untersuchte er sämtliche Moore seines Kreises mit Hilfe seiner Bohrungen und kartierte diese geologisch. Für diese Arbeiten opferte er vor allem seine Schulferien, manchmal wurde während der Schulzeit aber auch ein Vertretungslehrer eingesetzt. Die Bohrkerne untersuchte er mit Hilfe seines Mikroskops sorgfältig in seinem kleinen Labor (Abb. 1). Er erlangte nicht nur Kenntnisse über das Alter und die Entstehungsgeschichte der verschiedenen Moore, sondern auch über die Verlandungsvorgänge und die obersten, jüngeren erdgeschichtlichen Ablagerungen in der Umgebung der größten nordwestdeutschen Seen, dem Dümmer und dem Steinhuder Meer, sowie über die Entwicklung der Landschaft seiner Heimat, insbesondere des Waldes.

Ab 1950, dem Jahr seiner Pensionierung, konnte er mehr Zeit seinen wissenschaftlichen Untersuchungen und Arbeiten widmen. So veröffentlichte er gemeinsam mit Wilhelm Dienemann seine in der Mitte der 1930er Jahre begonnenen Arbeiten zum Dümmerbecken ausführlich mit über 100 Seiten erst im Jahr 1964.[5] Auch in seiner neuen, etwa 1952 bezogenen Wohnung in Sulingen hatte er sich einen Arbeitsplatz zum

Abb. 1: Kurt Pfaffenberg um 1950 in seinem kleinen Labor, das er sich in seiner Wohnung im Schulhaus in Vorwohlde eingerichtet hatte, bei Mikroskopier-Arbeiten.

Abb. 2: Kurt Pfaffenberg um 1960 im Wohnzimmer seiner Sulinger Wohnung vor seiner Bücherwand.

Mikroskopieren geschaffen und im Wohnzimmer befand sich seine Fachliteratur (Abb. 2). Ebenso erfolgte die Veröffentlichung seiner Arbeit zum Wurzacher Ried, das recht weit von seinem Heimatort entfernt in Baden-Württemberg liegt, nach seiner Pensionierung. Die Untersuchung der Profilbohrungen wurde dagegen bereits 1944 von Pfaffenberg durchgeführt.[6]

In ungefähr 25 größeren wissenschaftlichen Veröffentlichungen hat Pfaffenberg seine Untersuchungen und Forschungsergebnisse nicht nur zur Biologie, sondern auch zur Archäologie, festgehalten und mitgeteilt. In dem 1949 und 1952 erschienenen zweibändigen Werk des Paläobotanikers Franz Firbas zur Waldgeschichte Mitteleuropas[7] werden neun Schriften von Pfaffenberg zitiert. Auch Fritz Theodor Overbeck berücksichtigt in seinem im Jahr 1975 herausgegebenen Buch zur Moorkunde[8] vierzehn Arbeiten von Pfaffenberg.

Für sein Schaffen wurde Kurt Pfaffenberg mehrfach ausgezeichnet:

1943: Ernst-Rudorff-Ehrenplakette: für seine Verdienste um die niedersächsische Landschaft und Heimatkultur

1943: die Wirtschaftswissenschaftliche Gesellschaft zum Studium Niedersachsens beruft ihn in den Kreis ihrer forschenden Mitglieder

1947: Ernennung zum korrespondierenden Mitglied der Naturhistorischen Gesellschaft Hannover

1950: Hermann-Guthe-Medaille der Geographischen Gesellschaft zu Hannover

1958: Bundesverdienstkreuz 1. Klasse

1958: Gauß-Weber-Medaille der Mathematisch-Naturwissenschaftlichen Fakultät der Universität Göttingen

1964: Niedersächsisches Verdienstkreuz 1. Klasse

1968: Ernennung zum Ehrenmitglied der Naturhistorischen Gesellschaft Hannover

1981: Die Stadt Sulingen benennt eine Straße nach ihm

Dümmer

Bei den in den Jahren 1938 bis 40 erfolgten Ausgrabungen eines steinzeitlichen Dorfs am Dümmer, die von Dr. Reinerth, dem Leiter des Reichsbundes für Deutsche Vorgeschichte, geleitet wurden [9], untersuchte Pfaffenberg größere Mengen des pflanzlichen Materials, welches in der Kulturschicht gefunden wurde, nach Samen. Er konnte Körner von verschiedenen Weizensorten, dem Zwergweizen, dem Einkorn und dem Emmer, sowie auch wenige Körner der Saatgerste identifizieren. So gelang ihm der erste Nachweis des frühen Ackerbaus um die Zeit um ca. 2.000 v. Chr. in der Gegend des Dümmers.[10 5]

Steinhuder Meer

Wie am Dümmer begannen die Arbeiten und Untersuchungen am Steinhuder Meer im Auftrag der früheren Preußischen Geologischen Landesanstalt in den letzten Jahren vor dem 2. Weltkrieg, Mitte der 1930er Jahre. Wilhelm Dienemann veröffentlichte gemeinsam mit Pfaffenberg die vorläufigen Ergebnisse zu Ablagerungen und deren Alter in einer kurzen Zusammenfassung. Diese sollte als Grundlage für weitere Forschungen zu Geologie, Limnologie und Vorgeschichte dienen. Auch für diese Untersuchungen übernahm Pfaffenberg die Pollenanalyse. [11]

Moorentwicklung

Aufgrund seines starken Interesses an der Moorentwicklung und ab 1923 im Auftrag der Geologischen Landesanstalt zu Berlin untersuchte Pfaffenberg vor allem eine große Zahl der in den nordwestdeutschen Landkreisen Diepholz und Nienburg vorkommenden Moore. Da er aufgrund seiner Tätigkeit als Lehrer zeitlich eingeschränkt war, waren diese in der Umgebung seines Wohnortes liegenden und durch ihre kurzen Distanzen schnell zu erreichenden Gebiete optimale Untersuchungsgebiete. So untersuchte er unter anderen den Pastorendiek bei Sudwalde, das Geestmoor bei Blockwinkel,

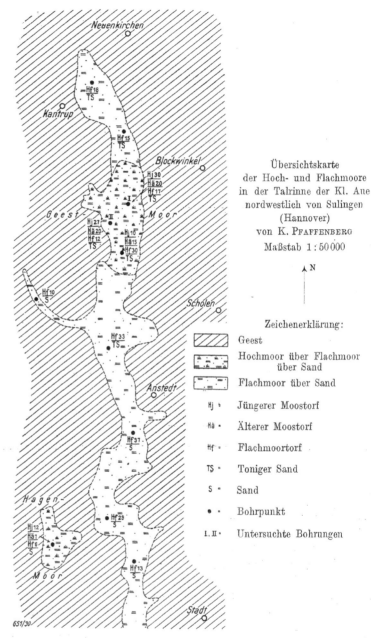

Abb. 3: Das Geestmoor bei Blockwinkel im Kreis Sulingen, das Pfaffenberg um 1930 untersucht hat. Eingetragen sind neben den verschiedenen Moorgebieten auch die Stellen, an denen er Bohrungen durchgeführt hat. [12]

Wietingsmoor bei Sulingen, Weißes Moor bei Rathlosen, Nechtelser Moor, Sulinger Moor, Renzeler Moor, Uchter Moor oder Kleinstmoore im Syker Flottsandgebiet. Aber auch zu dem heute als Naturschutzgebiet ausgewiesenem, entfernt in Baden Württemberg liegendem „Wurzacher Ried" fertigte er eine Untersuchung an, deren Ergebnisse er veröffentlichte [6].

Für seine Untersuchungen bestimmte er die Pflanzen (Flora) und die verschiedenen Pflanzengesellschaften, die in den Mooren wachsen. Er untersuchte die Torfbildung und bei Seen die Verlandungszonen. Mit einem „Moorbohrer" nahm Pfaffenberg verschiedene bis zu mehrere Meter tiefe Bohrproben (Abb. 3). In diesen konnte er die enthaltenen Samen, Pflanzenreste (Abb. 4) und Pollen untersuchen und bestimmen. Auf diese Weise entwickelte sich ein Bild davon, welche Pflanzen in welcher Zeit (ablesbar anhand der Tiefe der Fundorte) dominant waren. Bei Kenntnis der Ansprüche der einzelnen Pflanzenarten lassen sich hieraus auch Rückschlüsse auf das Klima vergangener Zeiten ziehen. Ähnlich verhält es sich mit den Pollen der verschiedenen Baumarten. Moore, in denen sich Pflanzenreste längst vergangener Zeiten erhalten, stellen dadurch eine Art Archiv dar, in dem auch Jahrhunderte oder gar Jahrtausende später noch gelesen werden kann.

WALDGESCHICHTE NORDWESTDEUTSCHLANDS

Durch seine Arbeiten zur Moorentwicklung anhand der Pollenanalyse ergab sich sozusagen nebenbei auch ein Bild der Waldgeschichte in der Umgebung der Moore. Denn die Pollen, der Blütenstaub der Bäume, wurde auch in die Moore geweht und dort wie in einem Archiv bewahrt. So beschäftigte sich Pfaffenberg mit der nordwestdeutschen Waldentwicklung, zum Beispiel im Syker Flottsandgebiet oder im Geestmoor bei Blockwinkel. Seine Bohrproben untersuchte er auf Pollen und wertete die Ergebnisse nicht nur quantitativ, sondern auch qualitativ aus. Ein Pollendiagramm zeigt Abb. 5.

Abb. 4: Dieses Beispiel einer Liste von Pflanzenresten aus dem Geestmoor bei Blockwinkel um 1930 zeigt das Ergebnis der Auswertung von Bohrungen, die Pfaffenberg gemacht hat. [12]

In der untersten Schicht in 6,75 Meter Tiefe hat die Birke (Betula) ihr Maximum mit 46,4 %. Alle anderen Baumarten sind mit einer kleineren Prozentzahl vertreten. Darauf folgt ein Kiefernmaximum, eine Kiefern-Hasel-Zeit, die Eichenmischwaldzeit und schließlich die Buchenzeit. Je nach den unterschiedlichen Ansprüchen in Bezug auf Feuchtigkeit oder Temperatur dieser Baumarten folgert Pfaffenberg, dass das Klima in den vergangenen Zeiten unterschiedlich war. Vermutlich herrschte zur

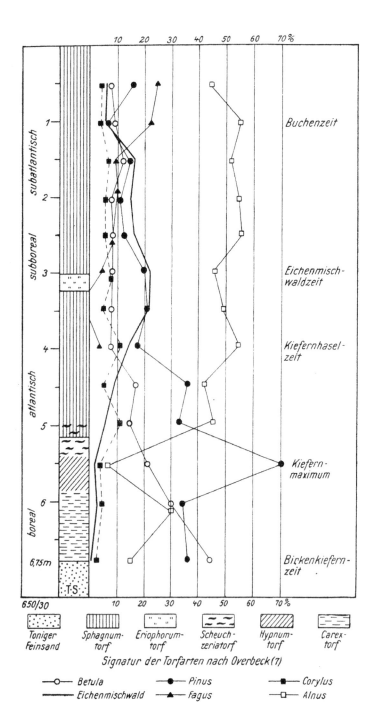

Abb. 5: Das Pollendiagramm aus dem Geestmoor bei Blockwinkel um 1930 zeigt die verschiedenen Maxima der Baumarten in unterschiedlichen Tiefen der Bohrungen und damit zu unterschiedlichen Zeiten.[12]

Birkenzeit ein kühleres Klima, während zur Kiefernzeit das Klima trockener war. Zur Eichenzeit könnte die durchschnittliche Jahrestemperatur gestiegen sein und zur Buchenzeit hat es möglicherweise eine Zunahme der Luftfeuchtigkeit gegeben.

Mit Hilfe solcher Pollendiagramme hat Kurt Pfaffenberg verschiedene Moore untersucht und ein Bild der Waldentwicklung im nordwestdeutschen Raum entwickelt.[13][14]

Weitere Arbeiten von Kurt Pfaffenberg

Einige der von Pfaffenberg erstellten Arbeiten (Untersuchungen inkl. Ergebnisdarstellungen) beschäftigen sich mit der geologischen Entwicklung einiger nordwestdeutscher Küstenabschnitte, wie zum Beispiel der Entwicklung der Jade-Bucht. Um die Kenntnisse der nacheiszeitlichen Geschichte der deutschen Nordseeküste zu erweitern und neuzeitliche Küstensenkungen oder Hebungen zu identifizieren, wurde in diesen Arbeiten wiederum die Pollenanalyse angewandt.[15]

Zu verschiedenen Untersuchungen wurde Pfaffenberg hinzugezogen, unter anderen zum Beispiel zu folgenden:

– Das Interglazial von Tidofeld (Jeverland in Oldenburg), 1934/35.
– Die Geologischen Lagerungsverhältnissen des interglazialen Torfes in Haren/Ems, 1939.
– Untersuchung der paläolithischen Freilandstation von Salzgitter-Lebenstedt, 1953.

Im Jahr 1943 arbeitete Pfaffenberg an einer Karte der nutzbaren Lagerstätten und Gesteine im Wirtschaftsgebiet Niedersachsen mit.[16]

In verschiedenen Zeitungen veröffentlichte er Artikel zur Waldgeschichte oder Moorentstehung, um auch den normalen Bürger in seine wissenschaftlichen Arbeiten einzuführen. Es war ihm ein Anliegen, ein Verständnis für die Natur und ihren Schutz zu wecken.[17][18]

TÄTIGKEIT ALS KREISBEAUFTRAGTER FÜR DEN NATURSCHUTZ

Seit Anfang des 20. Jahrhunderts wurde der Gedanke des Naturschutzes in der behördlichen Verwaltung etabliert. Schon bald war klar, dass der Naturschutz nur dann Erfolg haben würde, wenn neben der behördlichen Verwaltung auch ein Netzwerk ehrenamtlicher Mitarbeiter tätig ist. So wurden mit Ministerialerlass des Preußischen Kultusministers vom 30.05.1907 *Provinzialkomitees für Naturdenkmalpflege* in jeder Provinz verfügt und angeregt. Die Kosten waren selbst zu tragen und die Tätigkeiten waren ausschließlich ehrenamtlich. Diese Komitees setzten sich aus Forst- und Verwaltungsbeamten, Hochschullehrern, Juristen, Angestellten wissenschaftlicher Einrichtungen und vor allem aus Schullehrern zusammen. Die Geschäftsführer der Komitees trugen die amtliche Bezeichnung *Kommissar für Naturdenkmalpflege*. Ein Erlass stellte fest, dass Kommissare für Naturschutz Träger staatlicher Aufgaben sind, die innerhalb ihres Arbeitsgebietes als fachmännische Berater der zuständigen staatlichen und kommunalen Verwaltungsbehörden alle Belange des Naturschutzes wahrzunehmen hatten. Konkrete Entscheidungen konnte aber nur die *Staatliche Stelle für Naturdenkmalpflege,* ab 1935 umbenannt in *Reichsstelle für Naturschutz,* fällen.

Mit Inkrafttreten des Reichsnaturschutzgesetzes 1935 wurde die Bezeichnung „Kommissar" umgewandelt in „Beauftragter für Naturschutz". Das Modell der Komitees, ihre Aufgaben sowie die ehrenamtliche Tätigkeit wurden übernommen.

1935 wurde der Vorschlag, Kurt Pfaffenberg zum „Kommissar für Naturschutz" zu ernennen, von der NSDAP-Kreisleitung Grafschaft Diepholz mit der Begründung abgelehnt, er sei *„wohl fachlich geeignet aber für uns politisch untragbar"*. Ob es zu weiteren Einschränkungen für ihn kam, ist den Akten nicht zu entnehmen.

Pfaffenberg wurde nach dem Krieg zum „Kreisbeauftragten für den Naturschutz" ernannt und engagierte sich in diesem Bereich ehrenamtlich. Nachweislich wird er ab November 1945 in verschiedenen Schriftstücken als Kreisbeauftragter für Naturschutz genannt. Wann seine Ernennung erfolgte, ist aus den vorliegenden Dokumenten nicht ersichtlich. Im Juni 1952 übernahm wieder sein Vorgänger, der Lehrer Lohmeyer, die Aufgaben eines Kreisbeauftragten für Naturschutz, seine Bestellung erfolgte am 6. September 1952. Aus den Akten geht lediglich hervor, dass sowohl Pfaffenberg als auch dessen Stellvertreter ihre Ämter niedergelegt hatten. Gründe dafür werden nicht genannt.[19]

Aber bereits Jahrzehnte vor seiner offiziellen Tätigkeit für den Naturschutz war Pfaffenberg in diesem Sinne tätig.

HEUTIGE NATURSCHUTZGEBIETE

Zu einigen heutigen Naturschutzgebieten hat Pfaffenberg im Rahmen seiner Arbeiten Untersuchungen durchgeführt und seine Ergebnisse veröffentlicht. In einigen Fällen belegt der damalige Schriftverkehr, dass Pfaffenberg zu Unterschutzstellung von Gebieten geraten hat und daraufhin eine positive Prüfung erfolgte.

Im Auftrag der Geologischen Landesanstalt Niedersachsen untersuchte er das kleine Hochmoor Pastorendiek.[20] Am 6. Januar 1925 schrieb er an die Staatliche Stelle für Naturschutzdenkmalpflege in Berlin, dass das Moor bei Schmalförden, der sogenannte Pastorendiek, von hoher wissenschaftlicher Bedeutung sowie *eigenartiger Schönheit* sei. Im Kreis Sulingen sei es das einzige lebende Hochmoor, noch dazu im Zustand des Entstehens. Aus diesem Grund würde er empfehlen, dieses Gebiet zum Naturschutzgebiet zu erklären. Diese Empfehlung wird am 22. Oktober 1925 an den Regierungspräsidenten in Hannover weitergegeben.[21] Bereits 1926 wird der Pastorendiek wegen seines *naturgeschichtlichen Wertes* als erstes Gebiet im Kreis Hannover unter Schutz gestellt.

Im Jahr 1941 fertigte Pfaffenberg aufgrund seiner Untersuchungen am *Grossen Meer bei Holte* ein Schreiben an, in dem er empfiehlt, *das Grosse Meer bei Holte mit seiner Umgebung bis an das Kulturland heran zum Naturschutzgebiet zu erklären.* In diesem Gutachten wird das Große Meer als einer der wenigen erhaltenen Seen aus einer Reihe von kleinen Seen, die am Westrand des Wietingsmoores ehemals vorhanden waren, bezeichnet. Es sei ein nährstoffarmes, natürliches Gewässer mit zahlreichen Pflanzengesellschaften, das schützenswert sei.[19] Im Jahr 1942 wird das Große Meer unter Schutz gestellt und ist damit eines der ältesten Naturschutzgebiete Norddeutschlands.

Auch für Teile des Dümmers belegt ein Schreiben Pfaffenbergs vom 1. Oktober 1949, der zu jener Zeit Kreisbeauftragter für Naturschutz war, dass er eine Unterschutzstellung vorschlägt. Er empfiehlt, ein Gebiet in der Südwestecke des Sees sowie seinen nordwestlichen Teil unter Naturschutz zu stellen. Als Begründung führt er an, dass die *erholungssuchende Bevölkerung* das Ostufer aufsucht und die vorgeschlagenen Gebiete, auch aufgrund ihres schlammigen und unbetretbaren Untergrundes, somit unberührt seien. Hier habe sich eine üppige Pflanzengemeinschaft sowie Tierwelt entwickeln können. Vor allem die Vogelarten seien zum Teil selten. Auch diese Empfehlung wurde durch einen entsprechenden Verordnungsentwurf der unteren Naturschutzbehörde aufgenommen und sollte von der oberen Naturschutzbehörde unterstützt werden.[19] Zur Ausweisung als Naturschutzgebiet kommt es in diesem Fall erst einige Jahre später: im März 1952.

Ob Pfaffenbergs Arbeiten auch in weiteren Fällen, als den oben aufgeführten, dazu geführt haben, dass eine Naturschutzgebietsausweisung erfolgte, lässt sich nicht sicher nachvollziehen. Man kann aber festhalten, dass Pfaffenbergs Arbeiten, die teilweise noch heute auf den Seiten des Niedersächsischen Landesbetriebs für Wasserwirtschaft, Küsten- und Naturschutz in den Literaturlisten zu den einzelnen Naturschutzgebieten aufgeführt werden, einen Einfluss gehabt haben könnten.

Zu folgenden Gebieten oder deren unmittelbare Umgebungen, die heute unter Schutz stehen, hat Pfaffenberg Veröffentlichungen herausgegeben:

am Steinhuder Meer:
– Hagenburger Moor HA 027* (seit 1962)
– Meerbruchswiesen HA 190 (seit 1998)
– Meerbruch HA 060 (seit 1981)
– Totes Moor HA 104 (seit 1991)

– Dümmer HA 024 (seit 1952)
– Pastorendiek HA 001 (seit 1926)
– Geestmoor-Klosterbachtal HA 209 (seit 1967)
– Großes Meer HA 012 (seit 1942)
– Diepholzer Moor HA 148 (seit 1990)
– Stapeler Moor und Umgebung WE 143 (seit 1983) aus NSG's Lengener Meer, Herrenmoor, Stapeler & Spolsener Moor zusammengefasst

in Baden-Württemberg:
– Wurzacher Ried 4.035 (seit 1963).

* offizielle Bezeichnung durch die Landesbehörden.

ZUSAMMENFASSUNG

Kurt Pfaffenberg hat eine zu seiner Zeit neue Untersuchungsmethode, die Pollenanalyse, angewandt und möglicherweise verfeinert. In diesem Rahmen hat er eine Vergleichssammlung von Pflanzen und Pollen für wissenschaftliche Untersuchungen angelegt. Dieses Herbar mit etwa 1000 Proben lagert heute in der Bundesforschungsanstalt für Naturschutz und Landschaftsökologie in Bad Godesberg.

Er hat naturkundliche Untersuchungen zu Moorentwicklung, Mooralter, zur Waldgeschichte Nordwestdeutschlands sowie zu Küstenhebungen und -senkungen der deutschen Küsten durchgeführt. Seine Arbeiten fanden Beachtung bei den zuständigen staatlichen Stellen. In rund 25 größeren Arbeiten hat er seine wissenschaftlichen Ergebnisse veröffentlicht. Seine Arbeiten waren in der Fachwelt anerkannt und seine Publikationen werden in vielen Arbeiten zitiert. Für seine Verdienste wurde er vielfach ausgezeichnet.

Inwieweit seine Untersuchungen dazu beigetragen haben, dass Gebiete unter Schutz gestellt wurden, lässt sich im Nachhinein nur für wenige Gebiete direkt nachweisen. Für die heutigen Naturschutzgebiete *Pastorendiek*, *Großes Meer* und *Dümmer* existieren Schriftstücke bzw. ein Gutachten von Kurt Pfaffenberg mit der Empfehlung zur Unterschutzstellung.

Anmerkungen

1 Hiltermann, H. (1971): Kurt Pfaffenberg zum Gedenken. Ber. Naturhist. Ges. 115. Hannover.
2 Spektrum.de (2018): Lexikon der Biologie. Pollenanalyse.
3 Pfaffenberg, W. (1988): Zum 100. Geburtstag – Ein Döhrener gedenkt seines Bruders. Maschseebote, Ausgabe 3/88.
4 Seedorf, H. H. (1988): Kurt Pfaffenberg und die Pollenanalyse. Zeitschrift für Heimat und Kultur, Niedersachsen 88, S. 78-79.
5 Pfaffenberg, K., Dienemann, W. (1964): Das Dümmerbecken. Beiträge zur Geologie und Botanik. Veröff. Nds. Inst. Landeskunde und Landesentwicklung a.d. Univ. Göttingen, Reihe A, I, Bd. 78, 121 S. –. Göttingen-Hannover.
6 Pfaffenberg, K. (1953): Das Wurzacher Ried. Eine stratigraphische und Paläobotanische Untersuchung. Geol. Jb. 68, S. 478-500. Hannover.
7 Firbas, F. (1949, 1952): Spät- und nacheiszeitliche Waldgeschichte Mitteleuropas nördlich der Alpen. Gustav Fischer. Jena.
8 Overbeck, F. T. (1975): Botanisch-geologische Moorkunde unter besonderer Berücksichtigung der Moore Nordwestdeutschlands als Quellen zur Vegetations-, Klima- und Siedlungsgeschichte. Wachholz Neumünster.
9 Reinerth, H. (1939): Ein Dorf der Großsteingräberleute. Monatsschr. f. Vorgeschichte „Germanenerbe", 4, Heft 8.
10 Pfaffenberg, K. (1947): Getreide- und Samenfunde aus der Kulturschicht des Steinzeitdorfes am Dümmer. 94. – 98. Jahresbericht der Naturhistorischen Gesellschaft zu Hannover für die Jahre 1942/43 bis 1946/47. Hannover.
11 Dienemann, W., Pfaffenberg, K. (1943): Zur Alluvialgeschichte des Steinhuder Meeres und seiner Umgebung. Sonderdruck aus „Archiv für Landes- und Volkskunde von Niedersachsen", Band 1943, S. 430-448. Oldenburg.
12 Pfaffenberg, K. (1930): Das Geestmoor bei Blockwinkel (Kreis Sulingen in Hannover). Sonderdruck aus dem Jahrbuch der Preußischen Geologischen Landesanstalt, Band 51. Berlin.
13 Pfaffenberg, K. (1952): Pollenanalytische Untersuchungen an nordwestdeutschen Kleinstmooren. – Ein Beitrag zur Waldgeschichte des Syker Flottsandgebietes. Mitteilung Flor.-soziol. Arb.-Gemeinschaft N.F., Heft 3, S. 27-43. Stolzenau/Weser.
14 Pfaffenberg, K. (1970): Wie unsere Heimat wohnlich wurde. Geschichte des Fleckens und der Kirchengemeinde Barenburg, Hrsg. H. Hark, S. 10-20. Sulingen.
15 Pfaffenberg, K. (1941): Zur jüngsten geologischen Entwicklung der Jadebucht – Pollenanalytische Altersbestimmungen von alluvialem Ton & Torf aus den Bohrungen bei Wilhelmshaven. Senckenbergia, Band 23, Nr.1/3, S.49-56.
16 Gessner, L. (Hrsg.) (1943): Karte der nutzbaren Lagerstätten und Gesteine im Wirtschaftsgebiet Niedersachsen. Verlag Gerhard Stalling. Oldenburg.
17 Pfaffenberg, K. (1952): Aus der Waldgeschichte unserer engeren Heimat während der letzten Jahrhunderte. Unter der Bärenklaue, Heimatblatt Sulinger Land.
18 Pfaffenberg, K. (1929): Die Entstehung des Landschaftsbildes im Kreise Sulingen. Die Geschichte des Waldes. – Der Pastorendiek. Sulinger Kreiszeitung 49. Jhrg. Nr. 201.
19 Kreisarchiv Diepholz, Akte 2042. Stadtarchiv Diepholz, Nachlass Lohmeyer.
20 Regierungsbezirk Hannover (Hrsg.) (1926): Der Pastorendiek in Sudwalde. Sonderdruck – Beiträge zur Naturdenkmalpflege, Band XI. Berlin.
21 Schriftverkehr vorliegend im Landkreis Diepholz-Fachdienst Kreisentwicklung-Team Naturschutz.

28 NATURSCHUTZGEBIET PASTORENDIEK, SUDWALDE | HEUTIGE NATURSCHUTZGEBIETE

„Pastorendiek bei Sudwalde" (1926).

„Pastorendiek bei Sudwalde" (1926).

NATURSCHUTZGEBIET PASTORENDIEK, SUDWALDE | HEUTIGE NATURSCHUTZGEBIETE

„Pastorendiek bei Sudwalde" (1926).

Der Pastorendiek wurde bereits im Jahr 1926 unter Schutz gestellt. Damit ist es das älteste Naturschutzgebiet im Regierungsbezirk Hannover. Es hat eine Fläche von etwa 11 Hektar und liegt in der Gemeinde Sudwalde, circa 2,5 Kilometer nördlich der Ortschaft Schwaförden. Bis zum damaligen Wohnort des Lehrers Kurt Pfaffenberg waren es ca. 6 Kilometer. Das Schlatt, ein eiszeitliches, oligotrophes (nährstoffarmes) Flachgewässer ist ungefähr 120 Meter lang und 60-80 Meter breit. Insbesondere die Verlandungszonen mit Torfmoos-Schwingrasen sind schützenswert.

32 NECHTELSER MOOR UND HOLZ, SCHWAFÖRDEN | HEUTIGE NATURSCHUTZGEBIETE

Nechtelser Holz „Waldsumpf" (1926).

HEUTIGE NATURSCHUTZGEBIETE | NECHTELSER MOOR UND HOLZ, SCHWAFÖRDEN

Nechtelser Holz „Waldsumpf" (1926).

Nechtelser Moor „Moorverlandung" (1933).

Nechtelser Moor „Verschneiter Moorgraben" (1929).

NECHTELSER MOOR UND HOLZ, SCHWAFÖRDEN | HEUTIGE NATURSCHUTZGEBIETE

Das Nechtelser Moor und Holz lag nur ungefähr 2 Kilometer von Pfaffenbergs Wohnort Vorwohlde entfernt. In früheren Zeiten waren es die Bauern, die im Nechtelser Moor an der Sule Torf für den Hausbrand gewannen.

„Torfstich im Nechtelser Moor" (1926).

PFLANZEN DER MOORE 37

„Moorvegetation: Wollgras (Eriophorum vaginatum)" (1926).

Das Scheiden-Wollgras (Eriophorum vaginatum), auch Moor- oder Schneiden-Wollgras genannt, ist eine Charakterpflanze der Hochmoore. Ihre faserig zerfallenden Blätter tragen wesentlich zur Torfbildung bei.

38 PFLANZEN DER MOORE

„Moorvegetation: Rohrkolben (Typha latifolia)" (1926).

PFLANZEN DER MOORE

„Moor mit Rohrkolben" (1931).

Breitblättriger Rohrkolben *(Typha latifolia)* erreicht eine Wuchshöhe von 1-3 Metern vor allem auf feuchten Böden an sumpfigen Standorten sowie stehenden oder langsam fließenden Gewässern.

40 PFLANZEN DER MOORE

„Siebenstern
(Trientalis europaea)"
(1926).

Der Name der Siebensterne leitet sich von den weißen Blüten ab, die meist sieben Blütenblätter haben. Die Art ist auf der Nordhalbkugel weit verbreitet und kommt auf basenarmen, sauren Böden vor. Siebensterne bevorzugen Rohhumusböden. Dies sind Böden aus schwer zersetzbaren Vegetationsrückständen, z. B. die Streu von Nadelbäumen. Mangelhafte Umsetzung von Pflanzenabfällen entsteht beispielsweise durch zu kühles oder feuchtes Klima.
Siebensterne wachsen in moosreichen Laub- und Nadelwäldern, Flachmooren, entlang von Bachläufen, im Sumpf, im Übergangsmoor und in humosen Fichten- und Kiefernwäldern.

PFLANZEN DER MOORE 41

„Seerosen (Nymphaea alba) im Moorgraben" (1932).

Die Weiße Seerose *(Nympha alba)* ist eine Schwimmblattpflanze. Sie wächst in nährstoffreichen, langsam fließenden oder stehenden Gewässern. Mit ihren ausdauernden Rhizomen, einem am oder im Boden wachsenden Sprossachsensystem, verankern sich die Pflanzen am Gewässergrund. Seerosen bilden in Bereichen, in denen das Wasser ungefähr 1-1,5 Meter tief ist, häufig größere Bestände.

42 PFLANZEN DER MOOR

„Sonnentau (Drosera rotundifolia)" (1926).

Der rundblättrige Sonnentau gehört zu den fleischfressenden Pflanzen. Auffallend sind die charakteristischen mit Klebedrüsen besetzten Blätter. Mit diesen fängt die Pflanze sich auf ihre Blätter niederlassende Insekten. Diese können sich nicht mehr befreien, sterben und versorgen den Sonnentau mit Nährstoffen. Die Wurzeln nehmen Wasser, aber keine Nährstoffe aus dem Boden auf. Sonnentau wächst an sonnigen Standorten auf nassen, nährstoffarmen und kalkfreien, also sauren Böden. So findet sich Sonnentau in Mooren oder Feuchtgebieten, wo er in Torfmoosteppichen oder Moorschlenken oder auch als Pionierpflanzen auf regelmäßig freigelegten Torf- und Tonböden vorkommt.

PFLANZEN DER MOORE   43

„Birkenwaldmoor, an der Sule" (1926).

Die Sule ist ein kleiner Wald- und Wiesenbach, der bei Blockwinkel entspringt. Nach ungefähr 18 Kilometern mündet er in die Große Aue bei Barenburg.

VERSCHIEDENE MOORE

„Moor bei Bad Blenhorst" (1931).

Bad Blenhorst liegt etwa 27 Kilometer östlich von Vorwohlde und nordwestlich von Nienburg. In dem kleinen Ort mit heute ca. 320 Einwohnern wurde bereits im Jahr 1842 eine Kuranstalt gegründet. Die natürlichen Heilmittel waren eine Schwefel- und Solquelle sowie das mit Schwefelwasser angereicherte Moor.

VERSCHIEDENE MOORE 45

„Am Moorrande, Bocksgründen" (1929). Bocksgründen liegt ungefähr 2 Kilometer südwestlich von Vorwohlde.

46 VERSCHIEDENE MOORE

Holzhausen liegt etwa 20 Kilometer südlich von Vorwohlde.　　„*Fichtenmoor bei Holzhausen*" *(1929).*

VERSCHIEDENE MOORE 47

„Östliches Steilufer, Moortrief bei Strange" (1926).

48 VERSCHIEDENE MOORE

Strange liegt etwa 15 Kilometer südwestlich von Vorwohlde. *„Flaches Verlandungsufer bei Strange" (1926).*

TORFNUTZUNG 49

„Risse im Torf" (1935).

Um Moore nutzen zu können, müssen sie in einem ersten Schritt trockengelegt werden. Dafür werden verzweigte Entwässerungsgräben gezogen, in manchen Niedermooren wird mitunter der Grundwasserspiegel abgesenkt. Auf diesem Foto ist ein Bodenausschnitt zu sehen, der durch die Austrocknung eine rissige Struktur aufweist.

50 TORFNUTZUNG

Sehr gut zu sehen sind auf diesem Foto die abgestochenen Torfballen, die Soden, die zum Trocknen zu Türmen aufgeschichtet wurden. Einige Birkenholzstämme liegen an der ausgestochenen Grubenwand.
Die Torfsoden trockneten üblicherweise vom Sommer bis zum Spätherbst. In dieser Zeit wurden sie erheblich leichter und ihr Volumen schrumpfte stark.

„Birkenholz im Torf" (1932).

„Eichenstamm im Moor" (1932). Die ausgestochenen Torfballen liegen zum Trocknen geschichtet. In der Torfgrube steht noch Wasser. Wenn die Torfsoden noch voll Wasser sind, ist das Torfstechen eine anstrengende Arbeit, da der Torf in halbflüssigem Zustand aus der Grube gehoben werden muss. Ein Eichenstamm liegt quer über der Grube.

Skript von Kurt Pfaffenberg: „Unsere Moore – Ihre Verbreitung und Bedeutung"

In den Unterlagen zu Kurt Pfaffenberg im Stadtarchiv Sulingen findet sich ein Skript von ihm, das sich mit den Mooren, ihrer Entstehung und Bedeutung beschäftigt.[1] Möglicherweise stammt dieses aus der Zeit der 1950er bis 1960er Jahre. Ob und wo es veröffentlicht wurde, ist nicht bekannt.
An dieser Stelle folgen einige inhaltliche Auszüge, ergänzt aus einer Informationsschrift des Bundesministeriums für Naturschutz[2].
Es folgen Fotos von Pfaffenberg, die mit Zitaten aus diesem Skript, kenntlich durch Anführungszeichen, erläutert werden.

Die Moore sind in Nordwestdeutschland, also Niedersachsen und Schleswig-Holstein, weit verbreitet. Diese Gegenden zählen zu den moorreichsten der Welt. Dies liegt an den vorherrschenden Bedingungen wie niederschlagsreiches Klima und ein hoher Grundwasserspiegel, der nahe der Erdoberfläche liegt.
Je nachdem, welche Bedingungen zutreffen, entwickeln sich unterschiedliche Moortypen sowie Zwischenformen:

Flach- oder Niedermoore:
sind an Grundwasser gebunden und haben immer Kontakt hierzu. Sie entwickeln sich in einem kühl-feuchten Klima, vor allem auf der Nordhalbkugel. In diesen Gebieten liegt Grundwasser entweder nahe der Erdoberfläche oder sammelt sich in Niederungen in großen oder kleinen Seen (volkstümlich Schlatt oder Kolk genannt). Flachmoore entstehen durch Versumpfung in flachen Senken oder aus verlandenden Seen. Feuchtigkeitsliebende Pflanzen wachsen im flachen Uferbereich oder in sumpfigen Gebieten. Nach dem Absterben können sie aufgrund von Sauerstoffmangel nicht vollständig zersetzt werden und wachsen am Boden langsam in der Dicke an. Die pflanzlichen Reste pressen aufeinander und vertorfen. Ab einer Dicke von 30 cm spricht man von einer Torfdecke. Diese Moore sind an das Grundwasser angebunden und wachsen nicht darüber hinaus.

Hochmoore:
Auch auf höherliegenden Geestflächen, die keinen Kontakt zum Grundwasser haben, können sich in Senken sumpfige Flächen bilden, wenn die Niederschläge höher als die Verdunstungsrate sind und nicht abfließen oder versickern können. Die Böden sind nach der Eiszeit durch die Gletscherschmelze verwittert und von Niederschlägen ausgewaschen, entkalkt und somit ausgesprochen nährstoffarm. Unter solchen Bedingungen können sich speziell angepasste Pflanzen ansiedeln, die Torfmoose. Während unten die Moose absterben und sich nicht vollständig zersetzen können, wachsen sie nach oben weiter in die Höhe.
Hochmoore haben also im Gegensatz zu Flachmooren keinen Grundwasserkontakt, sondern werden ausschließlich vom Regenwasser gespeist.

Zwischenmoore:
Bei den Zwischenmooren handelt es sich um Moore, die erst als Niedermoore mit Kontakt zum Grundwasser entstanden sind. Im Laufe der Zeit werden die oberen Torfschichten durch ihr Höhenwachstum vom Grundwasser entkoppelt und sind vom Niederschlagswasser abhängig. Gleichzeitig sind die unteren Torfschichten aber noch mit dem Grundwasser verbunden.

---

1 Pfaffenberg, K.: Skript „Unsere Moore, ihre Verbreitung und Bedeutung". Vermutlich aus dem Zeitraum zwischen 1948-1960. Nicht bekannt, ob es veröffentlicht wurde. Stadtarchiv Sulingen, Kreismuseum Syke.
2 Bundesamt für Naturschutz (2018): Moore – Entstehung, Zustand, Biodiversität.

UNSERE MOORE | FLACHMOORE

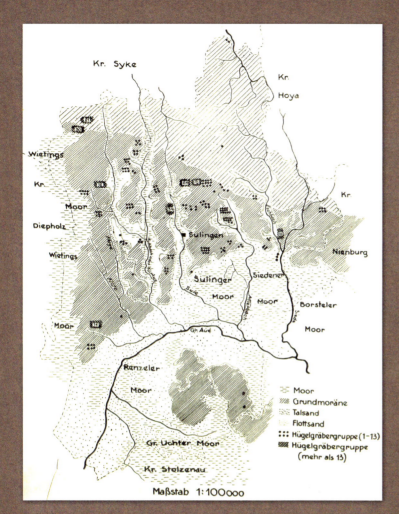

„Moore im Altkreis Sulingen" (1931).

„Größte Ausdehnung des Dümmers" (1939).

Diese Karte von Kurt Pfaffenberg zeigt die Umgebung Sulingens, das nahe seines Wohnortes Vorwohlde zu Zeiten seiner Tätigkeit als Lehrer liegt. Sulingen ist von Mooren umgeben. Einige dieser Flächen wie das Wietingsmoor hat Pfaffenberg näher untersucht.

In tieferen Gewässern wie dem Dümmer geht der Torfbildung eine Ablagerung von Mudde (damit sind verschiedene Sedimente mit einem deutlichen Anteil an organischem, meist pflanzlichem Material gemeint) voraus. Diese Ablagerungen des offenen Wassers konnte bei den Untersuchungen, an denen auch Kurt Pfaffenberg beteiligt war, auch weit außerhalb des heutigen Dümmers nachgewiesen werden. Das bedeutet, dass der See vor ca. 10.000 Jahren viel größer gewesen sein muss als heute.

„Seerosen und Schilf, Burggraben Siedenburg" (1927).

„Wegen des starken Anfalls pflanzlichen Materials findet an diesen Stellen eine Anhäufung von abgestorbenen und vertorften Pflanzenresten statt. Dadurch erfolgt eine Erhöhung des Untergrundes, so daß der Seerosengesellschaft eine Röhrichtzone folgt. Das Röhricht stellt einen Übergang vom offenen Wasser zum Grünland dar. Diese Pflanzengesellschaft findet sich nicht nur an größeren Seen, wie am Dümmer, sondern auch an kleineren Gewässern, wie am Mullwater im Sulinger Bruch und an langsam fließenden Gräben."

Mit den beiden Röhrichtarten Schilfrohr und Seebinse vergesellschaften sich Rohrkolben (Lampenputzer = *Typha*), Igelkolben (Skelp, Stickelswin = *Sparganium ramosum*), Wasserschwaden (Leesch = *Glyceria*), Flußampfer (roode Hinnerk = *Rumex hydrolapathum*), Wasserschierling (Dullwuttel = *Cicuta virosa*), Wasserminze (Poggenminte = *Mentha aquatica*) und Schlammschachtelhalm (Hollrusk = *Equisetum limosum*).

„Pflanzengesellschaft der Röhrichtzone, Dümmer" (1939).

„Sauergraswiese, Sulinger Bruch" (1927).

„Nicht nur auf dem Torf der verlandenden Gewässer, sondern auch auf Sandboden, sofern das Grundwasser der Erdoberfläche sehr nahe steht, siedeln sich feuchtigkeitsliebende Sauergräser an. Diese Sauergraswiese wird volkstümlich Reet oder Ried genannt."

UNSERE MOORE | FLACHMOORE 57

„An recht nassen Stellen der Sauergraswiesen wachsen gern große Seggen wie die Schlanke-Segge (Carex gracilis) und die Steife-Segge (Carex stricta). Häufig, aber mehr an feuchten Stellen, wachsen kleine Seggen wie Graue- (C. canescens), Stern- (C. stellatus), Wiesen- (C. vulgaris) und Schnabel-Segge (C. Rostrata). Weil der Boden in der Seggenwiese dauernd sehr naß ist, geraten die abgestorbenen Pflanzen sogleich unter Wasser. Es findet daher hier eine kräftige Torfbildung statt. Der Torf wird nach seinem Hauptinhalt Seggentorf oder nach den zahlreichen Würzelchen, die ihn bilden, auch Radizellentorf genannt."

„Sauergraswiese und Weide, Sulinger Bruch" (1927).

„Auch die Seggenwiesen des Mineralbodens entwickeln sich bei ungestörtem Wachstum zu Erlenbruchwäldern. Zuerst stellt sich als Vorstufe ein: Weiden-Faulbaumgebüsch mit Graue-Weide (*Salix cinerea*), Öhrchen-Weide (*Salix aurita*), Gagelstauch (Poststruk = *Myrica gale*) und Faulbaum (*Frangula alnus*). Dieses Gebüsch ist die Vorstufe zum Erlenbruchwald. Bei gleichbleibendem Grundwasserstand ist auch dieser Bruchwald das Endstadium der Flachmoorentwicklung.

Es ist also nicht notwendig, daß zur Entwicklung eines Erlenbruchwaldes die Verlandung eines Gewässers, wie am Dümmer und anderer Seen, vorausgehen muß. Überall, wo die Pflanzendecke fest ist und das Grundwasser sehr hoch steht, gedeihen die feuchtigkeitsliebenden Pflanzen des Bruchwaldes üppig."

„Poststräucher als Vorstufe zum Erlenbruch, Sulinger Bruch" (1927).

UNSERE MOORE | HOCHMOORE 59

„Die Torfmoose, die die Hochmoore aufbauen, benötigen zu ihrem Wachstum, ... , nur Regenwasser. Ihr Gedeihen ist deshalb an reiche Niederschläge, starke Bewölkung und hohe Luftfeuchtigkeit gebunden."

„Torfmoos (Sphagnum teres)" (1933).

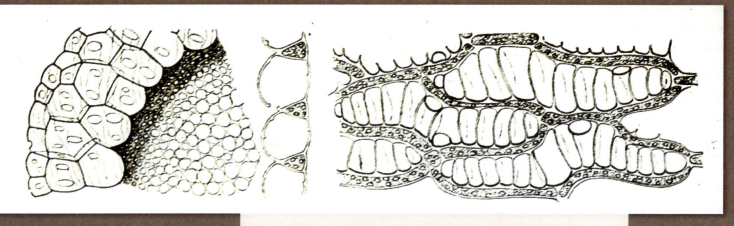

„Bau der Torfmoose"

„Die Torfmoose sind auf Grund ihres anatomischen Baues in hohem Maße befähigt, Wasser festzuhalten. Ihre Blätter bestehen aus zwei verschiedenen Zellformen. Die schmalen, blattgrünhaltigen Zellen dienen der Nährstoffbildung. Diese Zellen sind netzartig miteinander verbunden. Die Netzmaschen werden durch Wasserzellen ausgefüllt. Zahlreiche Poren gestatten, daß die großen Zellen sich mit Wasser füllen können. Die Torfmoose haben keine Wurzeln. Daher können sie die Nährstoffe nicht aus dem Boden nehmen. Nur, was die Niederschläge als Schnee, Regen, Tau und der Wind als Staub herbeiführen, dient ihrem Wachstum.
Aufgrund ihres eigenartigen anatomischen Baues sind die Torfmoose imstande, das 18-20 fache ihres Eigengewichts an Wasser aufzunehmen."

UNSERE MOORE | HOCHMOORE 61

„Die wasserhaltende Kraft der Torfmoose wird noch durch ihren polsterförmigen Wuchs bedeutend erhöht. So sind diese Moose imstande, völlig unabhängig vom Grundwasser mehrere Meter hohe Mooskörper aufzubauen."

„Torfmoosbult, Nechtelser Moor" (1933).

HOCHMOORE | UNSERE MOORE

„Kiefernstümpfe am Moorrande, Aschen" (1935).

„Die Fortentwicklung eines Flachmoores zum Hochmoor ist im Kreisgebiet Diepholz-Sulingen sehr selten. Ein schönes Beispiel für einen solchen Fall ist das Geestmoor bei Blockwinkel. …
Die meisten Hochmoore sind auf versumpften Mineralböden entstanden. Vor 7.000–8.000 Jahren waren es an manchen Stellen Kiefernwälder, die von Torfmoos überwuchert und erstickt worden sind. Man findet beim Torfabbau am Grunde eines solchen Hochmoores häufig noch die Kiefernstümpfe."

UNSERE MOORE | HOCHMOORE 63

„Jetzt sind es Erlenbruchwälder, die gelegentlich bei ungestörtem Wachstum zur Hochmoorbildung übergehen. Sie veranschaulichen, wie der Kampf der kleinen Moospflänzchen gegen kräftige Bäume zu Gunsten der Torfmoose entschieden wird. Zuerst schützt das Laubdach der Bäume und Sträucher die kleine, zarten Torfmoose vor einer starken Sonnenbestrahlung. Die Moospflänzchen schließen sich zu dichten Polstern zusammen und erhöhen damit ihre eigene wasserhaltende Kraft. Die Polster vereinigen sich zu immer größeren Decken und steigern damit die Vernässung des Waldbodens. Die Moosdecken verhindern eine Durchlüftung des Bodens, so daß den Bäumen und Sträuchern die Atemluft genommen wird. Nur ihre Stümpfe bleiben erhalten, soweit sie durch die Moosdecken gegen Fäulnis geschützt sind."

„Torfmoosbult unter Gebüsch, Nechtelser Moor" (1933).

„Schlenke im Hochmoor, Uchte" (1932).

„Die Torfmoose, die die Hochmoore aufbauen, haben ein unbegrenztes Wachstum. Während ihre unteren Teile absterben und vertorfen, wachsen die Stengelspitzen nach oben weiter. So wird die Oberfläche eines Hochmoores immer höher und es entstehen Torfmoosschichten von durchschnittlich 3-5 Meter Mächtigkeit. Das Hochmoor wächst aber nicht nur in die Höhe, es breitet sich auch seitwärts aus. ... Die Feuchtigkeit eines Hochmoores ist in der Mitte am größten. Deshalb wächst das Torfmoos hier am üppigsten und schnellsten. So entsteht die für Hochmoore charakteristische uhrglasförmige Emporwölbung. Daraus erklärt sich auch die Bezeichnung „Hochmoor".
Ein nicht kultiviertes und noch wachsendes Hochmoor zeigt eine deutliche Gliederung in Bulten und Senken. Letztere werden auch Schlenken oder Rüllen genannt.
Das von den Bulten nicht festgehaltene Regenwasser sammelt sich in den Schlenken. Diese Rinnsale sind etwa 50-100 cm breit und bis 50 cm tief. Die zahllosen oberflächlichen Wasserläufe sammeln sich zu Moorbächen, die das überschüssige Wasser vom Moor herabführen. Die Schlenken sind meist mit Wasser gefüllt, zumindest aber viel feuchter als die Bulte."

UNSERE MOORE | HOCHMOORE 65

„Dem Feuchtigkeitsgrad angepaßt, wächst in den Schlenken sehr viel das Spitzblätterige Torfmoos *(Sphagnum cuspidatum)*. Später sind an den Torfwänden diese nassen Cuspidatumlagen als Splittlagen und helle Streifen wiederzuerkennen."

„Schlenkenlagen im jüngeren Hochmoortorf, Uchte" (1932).

„Torfmoose und Wollgras füllen eine Schlenke, Uchte" (1932).

„An den Rändern der Schlenke wächst gern das Scheiden-Wollgras (Eriophorum vaginatum). Da den Pflanzen in der Schlenke stets ausreichend Wasser zur Verfügung steht, wachsen hier die Torfmoose besonders üppig und füllen den Hohlraum bald aus.
Gar bald wird der Bult überflutet und zur Schlenke herabgedrückt. Der Rhythmus, daß Schlenke und Bult sich einander ablösen, wiederholt sich ständig und bedingt das Emporwachsen der Hochmoore. Dieses Wechselspiel ist an den Torfwänden durch wellenförmige Bänder zu erkennen."

UNSERE MOORE | HOCHMOORE 67

"Das Hochmoor zeigt bei höherem Alter und größerer Mächtigkeit die Zweiteilung in einen oberen, hellbraunen und in einen unteren, schwarzen Torf. Der obere, jüngere Hochmoortorf, auch Weißtorf genannt, sieht je nach seiner schwächeren oder etwas stärkeren Zersetzung hell- bis mittelbraun aus. Seine Pflanzenreste sind mit freiem Auge gut zu erkennen. ...
Der ältere Hochmoortorf oder Schwarztorf hat pflanzlich fast die gleiche Zusammensetzung wie der jüngere Hochmoortorf, nur daß stellenweise das Wollgras und die Heide etwas häufiger darin sind. Vom Weißtorf unterscheidet er sich aber wesentlich durch seinen höheren Zersetzungsgrad. Deshalb hat der ältere Hochmoortorf eine schwarze Farbe. Die Struktur der Pflanzen, die den Schwarztorf gebildet haben, ist durch ihre starke Zersetzung fast ganz verloren gegangen. ...
In allen Hochmooren, in denen Weißtorf auf Schwarztorf lagert, ist ein deutlicher Kontakt zwischen beiden Torfarten zu sehen, Grenzhorizont genannt. Meist ist der Grenzhorizont zu einer besonderen Schicht, dem Grenztorf ausgebildet und etwa 30 cm dick. Wegen seiner starken Zersetzung fällt dieser Torf an trockenen Wänden durch seine scharfen Risse auf."

"Jüngerer Moostorf über älterem mit Grenzhorizont, Nettelstedter Moor" (1932).

„Schafherde, Wietingsmoor" (1926).

„Durch Entwässerung und Kultivierung der Hochmoore sind den Torfmoosen ihre Lebensbedingungen genommen. Die Oberfläche der Moore wurde trocken und die Torfmoose gingen ein. Je stärker der Wasserentzug sich auswirkte, um so mehr breitete sich die Heide aus. Das Moor hat sein Wachstum eingestellt; es ist zum toten Moor geworden. Die toten Hochmoore sind eine gute Schafweide."

UNSERE MOORE | TOTE HOCHMOORE 69

„Die Trockenlegung der Moore und ihre nachfolgende übermäßige Beweidung hatte für unser Gebiet üble Folgen. Bei ihrem täglichen Weidegang zerkneten die Schafe mit ihren Füßen den Torf, der dann im Winter zerfriert und verwittert und dem Wind gute Angriffsflächen bietet. Der trockene Torf wird fortgeblasen und es kommt zu den für die Anwohner so lästigen Mullwehen."

„Ausgewehter Moorrand, Rathlosen" (1926).

TOTE HOCHMOORE | UNSERE MOORE

„Ausgewehter Torf mit Resthügel, Rathlosen" (1929).

„Kleine Torfhügel bleiben oft stehen, weil sie durch die Krähenbeere (Empetrum nigrum) geschützt werden."

UNSERE MOORE | TOTE HOCHMOORE

„Je nach Windrichtung und nach den Angriffsflächen werden Torf oder auch Sand in großen Mengen fortgeblasen. Im Renzeler Moor wurde der Torf sogar übersandet."

„Übersandeter Torf, Renzel"
(1932).

„Birkenzeilen auf dem Moor, Renzel" (1932).

„Um die große Plage der Mullwehen zu beenden, setzte die hannoversche Regierung in den Ämtern und Vogteien Moorvögte ein. ... Um die Mullwehen und das Sandtreiben einzudämmen, ordneten die Moorvögte an, daß der Plaggenhieb und das Mähen der Heide auf dem Moore und in der Heide eingeschränkt werden sollte. Auch veranlaßten sie, daß auf den Hochmooren Birkenzeilen angepflanzt wurden, die als Windschutz dienen sollten. Eine solche Anpflanzung ist im Renzeler Moor noch zu sehen."

UNSERE MOORE | TOTE HOCHMOORE 73

„Die Flach- wie auch Hochmoore haben jetzt durch Torfabbau und durch landwirtschaftliche Nutzung viel von ihrer Natürlichkeit verloren. Aber doch sind an Wegen, in Gräben und auch in nicht abgetorften Moorgebieten noch manche pflanzliche Seltenheiten zu finden. ... Eine große Seltenheit im Erlenbruchwald ist der Königsfarn *(Osmunda regalis)*. Vor einiger Zeit hatte er noch einen Wuchsort im Nechtelser Moor."

„Königsfarn, Nechtelser Moor" (1928).

Raymonde Decker

Kurt Pfaffenberg – Der Archäologe

Kurt Pfaffenberg übte seinen Beruf als Dorfschullehrer in Vorwohlde nahe Sulingen über 40 Jahre aus und widmete sich in seiner freien Zeit[1] intensiv der naturwissenschaftlichen Erforschung der Moore. Seine Studien brachten Erkenntnisse über deren Entstehung, Aufbau und Alter.[2]

Er führte ein Leben zwischen Pult und Moor, wobei seine Leidenschaft eindeutig bei der Erforschung der Moore lag. Sein Enthusiasmus galt aber auch der Heimatkunde, die zu Pfaffenbergs Zeiten eng mit der prähistorischen Archäologie verwoben war.[3]

Über den Menschen Pfaffenberg fanden Mitstreiter, Kollegen und Fachwissenschaftler stets lobende Worte.[4] Der Geologe Wilhelm Dienemann aus Hannover beschreibt seinen Freund Kurt Pfaffenberg 1957 wie folgt: *Während der langen Jahre unserer Freundschaft, während der vielen dienstlichen und privaten Wanderungen und Exkursionen, die uns zu Fuß und mit dem Rad oder Wagen durch Geest, Heide, Moor und Marsch führten, während vieler abendlicher Plaudereien und Diskussionen im tiefen Ledersessel in seinem gastlichen Haus in Vorwohlde und nach seiner Pensionierung in Sulingen lernte ich ihn als einen überaus bescheidenen, liebenswürdigen, manchmal auch etwas eigenwilligen Menschen mit großem Pflichtbewusstsein und durchaus idealer Gesinnung kennen, dem seine heimatkundliche und wissenschaftliche Arbeit immer wieder über die*

„Fußbodenbelag eines Hauses" am Dümmer *(1938)*.

Langjähriger Freund und Weggefährte Wilhelm Dienemann.

Pfaffenberg im tiefen Ledersessel sitzend mit seiner Ehefrau Marie.

Unannehmlichkeiten des täglichen Lebens, wie sie keinem Menschen erspart blieben, hinweghalf. Er hatte das große Glück, bei seiner Frau, die eine seiner ersten Schülerinnen in Vorwohlde war, volles Verständnis für das Leben, wie er es sich einrichtete und als Lehrer und Forscher brauchte, zu finden.[5]

PFAFFENBERG ALS VORGESCHICHTSFORSCHER

Pfaffenberg hat sich in sieben wissenschaftlichen Publikationen mit archäologischen Befunden und den darin enthaltenen Funden beschäftigt[6].

Dabei ist sein Wirken in der Archäologie eng verwoben mit der Forschung im Bereich der Moorkunde. Durch die zeitliche Bestimmung des Moorwachstums konnte er archäologische Funde, die in den jeweiligen Moorhorizonten eingebettet waren, zeitlich einordnen.[7] Moore sind historische Archive, die über Entstehung und Nutzung Auskunft geben. Je besser wir über ihre Bildung und Entstehung unterrichtet sind, desto mehr Rückschlüsse können auf die Lebenswelten und Umweltbedingungen prähistorischer Menschen gezogen werden. Die Moorgeologie wurde für die Bodenkundler ein wichtiger Wissenschaftszweig zur Funddatierung. Pfaffenberg wurde deswegen immer wieder zu archäologischen Ausgrabungen hinzugezogen.

Seine erste größere Veröffentlichung war die zur pollenanalytischen Altersbestimmung einiger Bohlenwege am Diepholzer Moor.[8] Pfaffenberg wurde 1932 mit den diesbezüglichen wissenschaftlichen Untersuchungen beauftragt. Er stellte fest, dass Hugo Prejawas[9] Angaben teilweise ungenau waren und die Bohlenwege schon seit der Stein- und Bronzezeit und nicht erst durch die Römer erbaut wurden.[10]

Eine wichtige Station seiner wissenschaftlichen Arbeit war der Einsatz bei den Ausgrabungen am Dümmer in den Jahren zwischen 1938 und 1940.

Fritz Lohmeyer, ehrenamtlicher Naturschutzbeauftragter für den Kreis Grafschaft Diepholz[11] berichtete schon 1935 von neuen Funden am Dümmer und in der alten Hunte, die bei der Huntebegradigung zu Tage kamen. Hier wurde der Siedlungsplatz angeschnitten, der später die Bezeichnung „Hunte 1" erhielt. Karl Michaelsen (Leiter des Oldenburgischen Museums für Naturkunde und Vorgeschichte)und Hans Reinerth (Leiter des Reichsbundes für Vorgeschichte) organisierten ab 1938 die Ausgrabungen am Dümmer.[12] Von Beginn an sollten naturwissenschaftliche Analysen die Maßnahme begleiten. Zusammen mit Wilhelm Dienemann[13] wurde Kurt Pfaffenberg[14], der einen exzellenten Ruf genoss, 1938 vom Landesmuseum in Oldenburg beauftragt, die Schichten der randlichen Moore zeitlich zu erfassen. Rings um den Dümmer wurden hierfür 381 Bohrproben entnommen und 400 Pollenprofile angelegt. Aus diesen Untersuchungen resultierte die 1964 zusammen mit Wilhelm Dienemann vorgelegte Publikation über das Dümmerbecken.[15] Demnach veränderte der Dümmer seine Ausdehnung mehrfach. Zur Zeit seiner größten Ausdehnung vor 10.000 Jahren reichte er von Lemförde bis Hemtewede bei Diepholz.[16] Dann kam es zu einem Zuwachsen des Sees und zunehmender Bewaldung. Kurt Pfaffenberg schlemmte größere Torfmengen und wies mit drei Weizen- und einer Gerstenart erstmals für Norddeutschland steinzeitliches Getreide nach. Desweiteren konnte er Wildapfelkerne, Kirschkerne und Haselnüsse nachweisen sowie die Samen von Himbeere, Brombeere, schwarzem Holunder und schwarzem Nachtschatten. Die detaillierten Ergebnisse finden sich in seiner 1947[17] publizierten Studie. Das Foto auf Seite 79 zeigt Pfaffenberg, der interessiert die Entnahme eines Profils beobachtet.

Die fachlichen Kenntnisse Pfaffenbergs waren auch beim Auffinden von im Moor geborgenen Leichen gefragt. Die sog. Moorleiche vom Bockhornerfeld in Oldenburg[18] wurde 1934 von einem Torfarbeiter gefunden, der bei der Anlage eines Entwässerungsgrabens auf Holz stieß. Unter den Hölzern aus Erle und Eberesche lag der Tote in gekrümmter Seitenlage[19]. Pfaffenberg führte vom Umfeld des Fundortes eine Altersbe-

Ein wissenschaftlicher Fachkollege in Kurt Pfaffenbergs behaglichem Wohnzimmer. Oft wurde der Sessel aber gegen Wanderschuhe eingetauscht um gemeinsam die Gegend zu erkunden.

So führten die von Dienemann angesprochenen Ausflüge und Exkursionen mit befreundeten Archäologen und Heimatkundlern zu besonderen (Natur-) Denkmälern nach Fallingbostel, wo die Aufnahme eines Großsteingrabes entstanden ist.

Pfaffenberg (rechts) vor einem Profil knieend. Ein Mitarbeiter notiert seine Angaben.

Pfaffenberg bei der Entnahme einer Bohrprobe.

stimmung durch. Seine eingehenden Untersuchungen der Torfschichten ergaben, dass die Leiche nicht eingegraben, sondern in eine besonders nasse Stelle, eventuell in einen Bachlauf, gebettet wurde. Zeitlich ordnet er den Fund um 400 v. Chr. ein.[20]

In einer weiteren wissenschaftlichen Arbeit untersuchte er das geologische und botanische Umfeld der Moorleiche aus dem Lengener Moor.[21] Diese wurde 1941 ebenfalls beim Torfgraben gefunden. Stratigraphisch ordnet er die Fundlage der Moorleiche dem jüngeren Moostorfhorizont (zwischen 20 und 35 cm Tiefe) zu. Nach Pfaffenberg wurde der Verstorbene in eine nasse Stelle des Moores gebettet. Durch das Gewicht des Körpers versank dieser in dem schwammigen, lockeren Torfmoosrasen. Eventuell wurde die Leiche mit Moosbüscheln abgedeckt.[22] Seine pollenanalytische Einordnung datiert in die Zeit um 436 – 414 v. Chr. bzw. in die letzte Hälfte des vorchristlichen Jahrtausends.[23]

Kurt Pfaffenberg publizierte 1957 seine Untersuchungsergebnisse zu dem Fund eines Eibenholzpfeiles. Dieser wurde, in drei Teile zerbrochen, von Torfgräbern im Wietingsmoor gefunden. Die Pfeilspitze konnte nicht mehr gefunden werden, da die Sehnen durch die lange Lagerung im Moor wohl vergangen waren. Pfaffenberg konnte das Holz als von der Eibe stammend identifizieren. Elastizität und Härte von Eibenholz war ideal für die Herstellung von Pfeilen und Bogen. Der hohe Verbrauch dieser Holzart soll für einen starken Rückgang dieses Baumes gesorgt haben.[24] Die Fundstelle, am Ostrande des Wietingsmoores gelegen ist mittlerweile abgetorft. Kurt Pfaffenberg gelang es, zwei Meter von der damaligen Fundstelle entfernt ein Profil aufzunehmen. Nach Erstellung der

Ausgrabung an der Hunte. Pfaffenberg (zweiter von rechts) stützt sich auf einen Bodensäulenzylinder, der zur Entnahme einer Bodenprobe verwendet wird.

Pollendiagramme und seiner Pollenanalyse kommt er zu dem Ergebnis, dass *das Alter des Pfeiles im Diagramm wie an einem Zentimetermaß abgelesen werden kann. Die Fundschicht liegt zu Beginn der Einwanderung der Buche und zu Beginn der Getreidekurve. Beide setzen um 2000 v. Chr. ein. Der Eibenholzpfeil gehört also dem Neolithikum oder der jüngeren Steinzeit an.*[25]

In zahlreichen kleineren Zeitungsartikeln veröffentlichte er vielfältige prähistorische Funde seiner Heimat, die durch landwirtschaftliche Arbeiten oder Begehungen zu Tage kamen und tat seine Meinung hierzu kund. Pfaffenberg war mit der Landschaft seiner Heimat und ihrer Geschichte sehr eng verbunden. Er setzte sich leidenschaftlich für den Erhalt sowohl von Boden- als auch von Naturdenkmälern ein. In diesem Sinne schulte und sensibilisierte er auch seine Zöglinge unermüdlich, die Augen nach Schätzen im Boden[26] oder auf dem Acker offen zu halten. Immer wieder ist in seinen Fundmeldungen und in den Ortsakten darüber zu lesen, wie ehemalige Schüler ihren Lehrer diesbezüglich kontaktierten und Funde bei ihm ablieferten.

Er schätzte dabei seinen Verdienst durchaus groß ein: *In nur wenigen Jahren sind in dem Altkreis Sulingen, besonders bei Vorwohlde wertvolle urgeschichtliche Funde gemacht worden, die nun sämtlich dem Landesmuseum zur Verfügung gestellt werden konnten. Der Grund für diesen schönen Erfolg ist einzig und allein das große Interesse, das die Bevölkerung der Urgeschichte entgegen bringt. Immer wieder habe ich während meiner 42-jährigen Tätigkeit als Lehrer in Vorwohlde auf die hohe Bedeutung der urgeschichtlichen Funde durch Wort und Bild hingewiesen. Der Erfolg ist, wie die geschilderten Funde beweisen, nicht ausgeblieben.*[27]

Pfaffenberg fühlte sich in besonderer Weise dieser Region, in der er seit 1910 beheimatet war, verpflichtet und verbunden. Dazu gehörten auch die ur- und frühgeschichtlichen Zeiten mit ihren Funden. Seine Begeisterung rührte nicht zuletzt daher, dass er mit seiner Methode der pollenanalytischen Untersuchung einen wichtigen Beitrag zur Datierung der prähistorischen Funde leisten konnte.

Auch für seine Verdienste im Bereich der Archäologie wurden ihm zahlreiche Ehrungen zuteil.[28]

VORGEHENSWEISE UND SORTIERUNG DER FOTOS

In Kurt Pfaffenbergs Alben finden sich neben Fotos zur Landschaft, zu alten Bauernhäusern, Kirchen, Handwerk und Mooren auch solche archäologischen Inhaltes.

Bei der ersten Durchsicht der Alben stellten sich zunächst zwei Fragen:

1. wie ist eine für diesen Bildband sinnvolle Einteilung der annähernd 180 Fotografien[29] zur Vorgeschichte vorzunehmen und

2. welche Hintergründe und Informationen lassen sich diesen von Pfaffenberg nur knapp beschrifteten Fotos entlocken?[30]

Die Einteilung erfolgt primär nach übergeordneten Befundarten (Wallanlage, Grabhügel, Bohlenweg, Siedlung sowie Einzelfund), eine sekundäre Unterteilung nach den Fundorten. Den einzelnen Themen wird ein kurzer, einführender Text vorangestellt.

Ein besonderes Kapitel, da auch für Pfaffenberg von hoher Bedeutung, umfasst die Ausgrabungen am Dümmer in den Jahren 1938 bis 1940 und die dort eingesetzte Grabungstechnik.

In Pfaffenbergs Alben befinden sich unterhalb der Fotos in fein säuberlicher Schrift Angaben zu Ort und Datum sowie knappe Bemerkungen zum Inhalt. Leider gibt er keine Hinweise darauf welcher Funktion er selbst bei den jeweilgen Ausgrabungen inne hatte, jedoch stehen die eingeklebten Fotos in enger Beziehung zu seinen wissenschaftlichen Untersuchungen.

ENTSTEHUNGSGESCHICHTE DER FOTOS

Wieviel Mühen und Detailarbeit hinter jedem einzelnen der eingeklebten Fotos steckt, soll stellvertretend am folgenden Beispiel verdeutlicht werden: Am 23.9.1930 fand ein Arbeiter beim Ausheben eines Grabens am Rande einer ins Moor ragenden Landzunge in ca. 30 cm Tiefe eine bronzene Lanzenspitze, die 14 cm lang und an der breitesten Stelle des Blattes vier Zentimeter breit war. Vom Schaft war keine Spur mehr vorhanden (s. Abb. oben rechts).

Zwei Tage nach dem Fund wurde der Fundort durch den Naturschutzbeauftragten Lohmeyer besichtigt und auf einer Karte (Abb. rechts unten) markiert. Er fertigte eine Profilskizze des Fundortes[31] (Abb. rechts unten) und zog anscheinend Pfaffenberg zur Begutachtung des Bodenaufbaus und zur Datierung des Objektes hinzu. Dieser legte im November 1930 einen Arbeitsbericht vor, der sich bei den Archivunter-

lagen des Kreismuseums Syke befindet. Er dokumentiert die Arbeitsweise Pfaffenbergs in vorbildlicher Weise und zeigt die Funktion, die er als Gutachter prähistorischer Funde inne hatte. In Zusammenhang mit diesem Bericht ist wohl die Fotografie des Fundstückes erfolgt. Es folgt der Originalbericht Pfaffenbergs:[32]

„Lanzenspitze aus Bronze" (1930).

BERICHT ÜBER EIN TORFPROFIL MIT DER FUNDSTELLE EINER LANZENSPITZE.
Moor bei Donstorf, Krs. Diepholz

Struktur des Torfes
Das Profil wird von 30-0 von einem gut zersetzten, dunkelbraunen Sumpftorf gebildet. Obwohl es sich um einen vollreifen Torf handelt, ist er stark verwittert und infolgedessen von krümeliger Struktur. Unter dem Mikroskop zeigten sich vereinzelt Sphagnumsporen, die eingeschwemmt sein müssen; denn es wurden weder Stengel- noch Blattreste von Sphagnum gefunden, dagegen viele Radizellen und Epidermisreste von Gramineen. Im vorliegenden Fall handelt es sich also um einen Radizellen- oder Rasentorf, bei dem die Süss- und Sauergräser als Torfbildner gewirkt haben. Von 30-15 cm war der Torf noch stark versandet. Das Liegende des Torfprofils bildet von 38-30 cm ein humoser, mittel- bis grobkörniger Quarzsand. Vereinzelt sind auch hier Pollen von Alnus, Quercus, Pinus, Betula und Compositae gefunden worden. Sie waren jedoch sehr schlecht erhalten. Da sie sicher durch das Moorwasser von oben in den Sand infiltriert sind, ist ein Spektrum nicht aufgestellt worden.

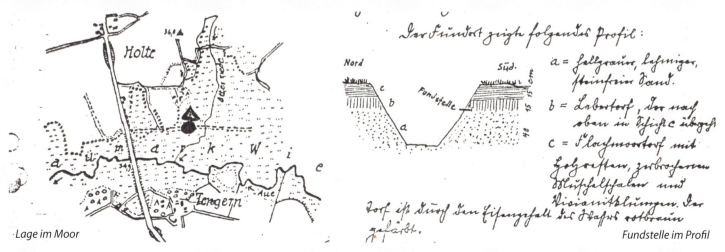

Lage im Moor   Fundstelle im Profil

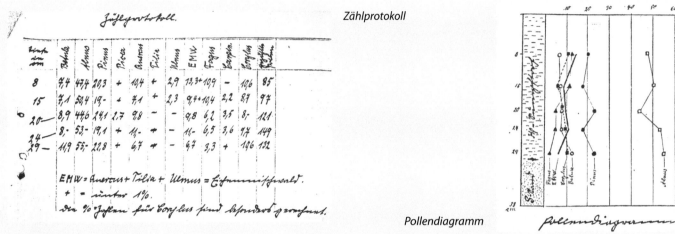

Zählprotokoll

Pollendiagramm

Pollenanalyse

In der Beurteilung des Diagramms scheidet Alnus aus, da sie hier, wie in anderen Diagrammen Nordwestdeutschlands, wohl infolge lokaler Ursachen stark überwiegt.
Pinus tritt mit 22,8 % in das Diagramm ein und schließt mit 20,2 % ab. Auch fehlt die absteigende Kurve mit 70-25 % Beginn und Mitte während der altlantischen Periode. Die vorliegenden Frequenzzahlen von 22,8 - 19% entsprechen der Kiefernkurve gegen Ende des Atlantikums und zu Beginn des Subboreals. Das darauf folgende Subatlantikum fehlt, da dann die Prozentzahlen zwischen 10-15% schwanken würden.
Betula zeigt ähnliche Verhältnisse wie die Kiefer. Das Maximum der Birke ist schon längst vorüber und die Kurve bewegt sich in absteigender Linie. Eine genauere Festsetzung der Zeit ist auf Grund der Birkenkurve im vorliegenden Profil nicht möglich.
Wichtiger ist in dieser Beziehung die Corylus-Kurve. Der Haselhorizont liegt in Nordwestdeutschland in der Mitte des Atlantikums. Die vorliegenden Frequenzzahlen von 10,6 - 8 % zeigen aber, dass der Horizont schon vor der Torfbildung des in Frage kommenden Moores erreicht ist und dass nun die Kurve sich in absteigender Linie bewegt. Die Torfbildung hat danach gegen Ende des Atlantikums oder zu Beginn des Subboreals eingesetzt.
In der Beurteilung der Zeit für das vorliegende Profil sind die Eichenmischwald- und die Buchenkurve die wichtigsten Komponenten. Beide zeigen ein aufsteigende Linie, doch so, dass die Kurve des Eichenmischwaldes der der Buche voraus eilt. Erstere nähert sich also früher ihrem Maximum, das schon im Subboreal liegt oder eben noch in die atlantische Periode hineinreicht. Im vorliegenden Falle fehlen also das Ende des Subboreals und Atlantikums. Letzteres wird, wie schon erwähnt, auch durch die Kiefernkurve bewiesen.
Fagus tritt mit nur 3,3 % in das Diagramm ein. Diese geringe Frequenzzahl deutet darauf hin, dass die Buche erst im Begriff ist, sich die Waldgebiete zu erobern. Ihre Einwanderung erfolgte in den südlichen Gebieten Deutschlands schon im frühen Atlantikum, in unserem Gebiete und in den Mooren der Umgebung von Hannover und Bremen aber erst gegen Ende der atlantischen Periode und zu Beginn des Subboreals.

Die Torfbildung hat im vorliegenden Profil auf Grund der Kiefern-, Hasel- und Buchenkurve gegen Ende oder zu Beginn der subborealen Zeit begonnen und nach der Eichenmischwaldkurve schon vor dem Horizont des Eichenmischwaldes auch im Subboreal geendet. Ob dann die Torfbildung wirklich aufhörte oder ob später sich bildenden Torfmassen durch Mullwehen oder durch die Torfwirtschaft in der Gegenwart wieder abgetragen wurden, kann nicht entschieden werden.

Aus den Darlegungen geht hervor, dass es sich bei der Zeitbestimmung des vorliegenden Profils um Grenzgebiete handelt, nämlich am Ende des Atlantikums und Beginn des Subboreals. Es ist nun schwierig hier genau abzugrenzen. Deshalb möchte ich beide Abschnitte für das vorliegende Profil zusammenfassen und es der Grenztorfzeit im Sinne C.A. Webers zuweisen, zumal der Torf schon an seiner Unterkante im trockenen Zustand infolge Verwitterung eine krümelige Struktur zeigt. (Der Grenztorfhorizont ist ein Verwitterungshorizont.) Auch wird die Grenztorfzeit gleichgesetzt mit dem Ende des Atlantikums, Subboreal und Anfang der atlantischen Periode. Die Grenztorfzeit entspricht aber der Bronzezeit. Die Lanzenspitze hat am Grunde des Moores auf dem Sande gelegen. Ob dieses nun eingesunken ist und daher jünger als die Fundstelle zu datieren wäre, kann ich nicht entscheiden. Jedenfalls gehört die Fundstelle zeitlich an den Anfang des Grenztorfes und damit auch an den Anfang der Bronzezeit.

Pfaffenberg, Vorwohlde, Nov. 1930

Anmerkungen

1 Für Forschungsarbeiten wurde Pfaffenberg regelmäßig vom Schulunterricht freigestellt.
2 Siehe hierzu den Artikel von Stiller-Beer in diesem Buch.
3 Er ist im Trend der 1920er und 1930er Jahre Archäologen im weitesten Sinn als Heimatkundler bzw. Heimatschützer zu sehen. Lindner formuliert es 1934 folgendermaßen: … Der Heimatschutz … will die natürliche und die geschichtlich gewordene Eigenart des Vaterlandes in ihren landschaftlichen und stammesmäßigen Besonderheiten schirmen helfen. […] Heimatschutz umschließt die Arbeitsgebiete der Denkmalpflege und des Naturschutzes …]
4 Diverse Zeitungsartikel und Würdigungen zu seinem 70. Geburtstag, 80. Geburtstag, Rede zur Verleihung des Bundesverdienstkreuzes etc.
5 K. Wilhelm Köster, Nachruf auf Kurt Pfaffenberg 22.2.1888 – 25.6.1971.
6 Publikationen von Pfaffenberg s. Literatur auf S. 246.
7 Dazu gehören Funde wie Moorleichen, Einbäume sowie Bohlenwege.
8 Pfaffenberg 1936.
9 Hugo Prejawa (1854 – 1926) war Bauinspektor, Architekt und Archäologe, der zwischen 1890 und 1897 die niedersächsischen Bohlenwege erforschte. Seine Arbeit bildete die Grundlage für weitere Forschungsarbeiten.
10 Siehe auch Fotos und Ergebnisse zu den Bohlenwegen.
11 Lohmeyer 1962, Die Moorgeologen treten an. 100 Jahre Diepholzer Kreisblatt. Sondernummer vom 1.7.1962.
12 Rainer Kossian legte 2007 einen ausführlichen Bericht zu dieser Ausgrabung vor.
13 Wilhelm Dienemann war Bezirksgeologe an der Reichsstelle für Bodenforschung.
14 Kurt Pfaffenberg war 1937 teilweise vom Schuldienst freigestellt, um Kartierungsarbeiten im Rahmen der Eindeichung des Dümmers vorzunehmen (Kossian 2007, 51).
15 Pfaffenberg/Dienemann 1964.
16 Lohmeyer 1962, Die Moorgeologen treten an. 100 Jahre Diepholzer Kreisblatt. Sondernummer vom 1.7.1962.
17 Pfaffenberg 1947.
18 Auch bekannt als Mann aus Jührdenerfeld (Inventar-Nr. OL 5933, Landesmuseum für Natur und Mensch). Pfaffenberg 1942.
19 H. Hayen, Die Moorleichen im Museum am Damm (1987),41-50.
20 Neuere C-14 Datierungen liegen zwischen 175 v. Chr. Und 25 n. Chr.
21 Pfaffenberg 1958.
22 Pfaffenberg 1958, 312.
23 Pfaffenberg 1958, 317.
24 Pfaffenberg 1957, 191.
25 Pfaffenberg 1957, 197.
26 Z.B. bei landwirtschaftlichen Arbeiten.
27 Pfaffenberg 1955, 5.
28 So 1943 die Ernst Rudorff Plakette. Siehe auch Text Stiller-Beer in diesem Band.
29 Es sind Fotos von Bohlenwegen, Wallanlagen, Grabhügeln, Großsteingräbern, besonderen Funden, Karten und von Zeichnungen vorhanden. Die in archäologischen Ausstellungen entstandenen Bilder sind in diesem Beitrag nicht berücksichtigt.
30 Die Fotos waren in den Alben – sortiert nach Entstehungsjahr, durchnummeriert, versehen mit Ortsangabe und kurzer Bemerkung zum Inhalt – eingeklebt. Um Näheres über die Inhalte zu erfahren wurden neben Pfaffenbergs Publikationen, auch die sog. Ortsakten durchgesehen. In diesen werden Informationen (Fundmeldungen, Grabungsberichte, Fotos, Zeitungsberichte, amtliche Korrespondenz etc.) zu einem archäologischen Fundort gesammelt.
31 Ortsakte: Donsdorf, Eydelstedt. AZ 26/331/163.
32 Pfaffenberg 1930, Maschinenschrift. Arbeitsbericht OA26/3317/163.

"Hügelgrab mit Birken bei Küfe" (1927).

Grabhügel

Bei Grabhügeln oder Hügelgräbern handelt es sich um Erdaufschüttungen länglicher, ovaler oder runder Form. Unter dem Hügel bzw. im äußeren Hügelmantel befinden sich Bestattungen. Ein Hügelgrab kann sowohl Körper- als auch Brandbestattungen enthalten und über viele Generationen in Benutzung sein. Schon während der Steinzeit wurden die Menschen unter großen Grabhügeln bestattet, eine Sitte, die sich bis ins Mittelalter fortsetzte. Im Landkreis Diepholz wurden die meisten Grabhügel in der Bronze – und vorrömischen Eisenzeit angelegt.

Bei den bronzezeitlichen Bestattungen wurde der Verstorbene oft in einem Baumsarg beigesetzt, über den danach ein Erdhügel errichtet wurde. Im Laufe der Zeit kam es zu zahlreichen Nachbestattungen im äußeren Mantel der Aufschüttung, oftmals wurden dann nur die den Leichenbrand enthaltenden Urnen beigesetzt. Persönliche Gegenstände, wertvoller Schmuck, Trachtbestandteile und Keramik wurden den Verstorbenen mitgegeben bzw. mit ihnen verbrannt. Intensive landwirtschaftliche Arbeiten setzten dieser Denkmälergattung stark zu und sorgten für ein Abtragen der

ARCHÄOLOGIE | GRABHÜGEL   85

„Zwei Hügelgräber bei Küfe" (1927).

Hügelaufschüttungen und das Anpflügen der Bestattungen. Hinzu kamen Grabräuber, die durch das Plündern der Gräber auch die Befunde zerstörten.[1] Die Erhaltung reicht heute von mächtigen Monumenten bis hin zu kleineren kaum noch wahrzunehmenden Erhebungen.
Zu Pfaffenbergs Zeiten waren noch zahlreiche Grabhügel als Zeugen einer vergangenen Zeit sehr gut zu erkennen und prägten das Landschaftsbild.[2] Die Fotografien der Grabhügel in Küfe bei Sulingen entstanden 1927 in einer weiten, menschenleeren Landschaft. Auf dem Foto von Seite 84 ist ein Grabhügel mit Birkenbewuchs zu erkennen. Pfaffenberg als ehrenamtlicher Denkmalpfleger setzte sich für den Schutz, Erhalt bzw. in dringenden Fällen für die Ausgrabungen der Grabhügel ein.
Zahlreiche Fotos sind bei Grabhügelausgrabungen entstanden. Hier war Paffenberg mit seiner Kamera regelmäßig vor Ort und dokumentierte den Grabungsverlauf und für ihn bedeutsame und außergewöhnliche Funde.

Die Ausgrabungen in Rathlosen

Der Direktor des Römisch Germanischen Zentralmuseums in Mainz, Prof. Ernst Sprockhoff[3], hat 1931 in Rathlosen drei Grabhügel ausgegraben. Bei einem der Hügel, der noch mit einem Durchmesser von 11 Metern und einer Höhe von 0,4 Metern erhalten war, fanden sich im Nordwesten zwei 2 Meter lange, parallele Steinsetzungen, die einen inneren Raum von 0,4 Metern eingrenzten. In diesem konnte zusätzlich ein Leichenbrandnest (Durchmesser 0,2 m) geborgen werden.

„Steinausgrabung, Rathlosen" (1932).

ARCHÄOLOGIE | AUSGRABUNGEN IN RATHLOSEN 87

Die von Sprockhoff beschriebene parallele Steinsetzung.

„Rathlosen, Steinsetzung. Übergang von (Körper-)Bestattung zur Verbrennung" (1932).

Die Ausgrabungen in Holtdorf

Ein Foto von 1927 aus Holtdorf bei Nienburg zeigt einen Teil der Grabungsmannschaft bei einer Pause, die zu einer anregenden Diskussion genutzt wurde. Grabhügel werden in sog. Quadranten gegraben und hier ist gut zu erkennen, dass in einem Viertel bis hin zum gewachsenen Boden gegraben wurde. Die Stege, die zunächst stehen bleiben, geben im Profil Auskunft über den Aufbau des Grabhügels. Im Hintergrund Häuser aus Holtdorf.

ARCHÄOLOGIE | AUSGRABUNGEN IN HOLTDORF   89

Momentaufnahme der Ausgrabung Holtorf bei Nienburg.

Die Ausgrabungen in Nechtelsen

Bauinspektor Hugo Prejawa konnte Ende des 19. Jahrhunderts auf dem Höhenzug von Vorwohlde bis zum Nechtelser-Holz ursprünglich 34 zusammengehörige Hügelgräber aufnehmen. Bei fünf Hügelgräbern in Nechtelsen fanden im Jahr 1903 die ersten planmäßigen Ausgrabungen[4] statt.
Bei den Ausgrabungen 1928 handelt es sich um die (Nach-)Untersuchungen von fünf Hügelgräbern (Hügel A – E). In den Ortsakten liegen sowohl ein Grabungsbericht als auch die Fotografien von Kurt Pfaffenberg vor. Er hat hauptsächlich die Funde aus den Grabhhügeln B und D dokumentiert.

IN GRABHÜGEL B

… konnten noch eine Haupt- und zwei Nebenbestattungen geborgen werden. Die Hauptbestattung lag auf dem gewachsenen Boden. Den Beigaben zufolge könnte es sich um die Bestattung eines Mannes handeln, der unverbrannt in einem drei Meter langen Baumsarg beigesetzt wurde. Etwa in der Höhe des Kopfes[5] lag ein sog. norddeutsches Absatzbeil mit einer Länge von 10,4 cm und zwei hellgraue Feuersteinpfeilspitzen. In Höhe des Gürtels befanden sich der Rest eines Dolches mit vier Nietlöchern und einem erhaltenem Niet sowie ein Bronzering. In Hüfthöhe lagen ein Feuerschlagstein aus quarzithaltigem Gestein und ein Holzgefäß mit verkohlten Getreideresten. In Kniehöhe befand sich noch eine Feuersteinpfeilspitze. Alle Nebengräber lagen im Hügelaufwurf, etwa einen Meter höher als die Hauptbestattung und nach der Hügelmitte zu. Bei der ersten Nebenbestattung fanden sich unter anderem ein Armspiralband, ein bronzenes Rippenarmband, Reste vom Kopfschmuck (Schläfenringe; Bronzeröhrchen und -hütchen) sowie eine Bernsteinkette. Zur zweiten Nebenbestattung gehörten die Reste von drei Bronzearmringen, zur dritten eine Bronzenadel und wenige Bronzeröhrchen und -hütchen. In der vierten Nebenbestattung wurden ein zerstörter Spiralarmring, Schläfenringe und eine Rollennadel aufgefunden. Die vier Gräber im Mantel dieses Hügels stellen anhand der Beigaben offenbar Frauengräber dar. Eine Besonderheit ist hier der gute Erhaltungszustand eines seltenen Gürtelschmuckes.

ARCHÄOLOGIE | GRABHÜGEL IN NECHTELSEN 91

„Ledergürtel mit Bronzegestänge" (1928). Das sog. Bronzegestänge entpuppte sich bei der späteren Freilegung als bronzener Armreif.

Detailaufnahme des bei Pfaffenberg als *„Ledergürtel mit Bronzegestänge"* bezeichneten Fundes.

GRABHÜGEL D

… war ehemals durch eine Stützmauer begrenzt. Der Hügel hatte einen Durchmesser von 18 Metern und noch eine Höhe von ca. einem Meter. Wohl mittig der Hauptbestattung befand sich ein zu einem unbekannten Zeitpunkt geplündertes

„Steinmauer als Stütze und Grenze des Grabhügels" (1928).
Im Hintergrund links die bei der Ausgrabung eingesetzte Kamera und ein Mitarbeiter. Im Vordergrund die Steinmauer, die als Stütze des Grabhügels diente.

Blick auf die fortgeschrittenen Ausgrabungen bis zum untersten Planum und den *„gewachsenen"* Boden. Auf der rechten Seite zwei Findlinge. Im Vordergrund zwei Keramikgefäße „in situ".

Körpergrab. Allerdings erbrachten die Nachgrabungen ein Bronzeabsatzbeil mit Resten der Knieholzschäftung, daneben zwei goldene Armspiralen, eine goldene Öse und Scherben. Zu der Nebenbestattung gehörten Fragmente bronzener Nadeln, Reste eines Spiralfingerringes und ein kleines Schälchen.

„Goldene Ringe" (1928).
Detailaufnahme der spiralförmigen Ringe aus Grabhügel D.

„Bronzebeil mit goldenen Ringen" (1928).
Aufnahme des Bronzeabsatzbeiles mit Lage der Spiralringe aus Grabhügel D.

„Ausgrabung Vorwohlde" (1936).
Das Foto zeigt die Gefäße nach ihrer Freilegung und kurz vor der Herausnahme.

Die Ausgrabungen in Vorwohlde

Die Fotos der Ausgrabungen von Vorwohlde stellen eine Besonderheit dar, da die Grabungen auf Initiative von Pfaffenberg durchgeführt wurden.
In den Ortsakten liegt ein Brief Pfaffenbergs an das Landesmuseum Hannover vor, in dem er eindrücklich schildert, dass ihm Bauer Wilhelm Stöver am 6. Dezember 1936 einen Besuch abstattete und dabei diverse Scherbenreste, die beim tieferen Pflügen im Bereich eines Grabhügels zu Tage kamen, vorlegte[6]. Das Schreiben endet wie folgt:
„Weil beide Hügel mitten im Ackerfeld liegen und daher ständig überpflügt werden, bitte ich, eine Grabung vorzunehmen, um den Inhalt des Hügels zu retten."
Bei den daraufhin stattfindenden Ausgrabungen fotografierte Pfaffenberg besonders hervorragende Funde.

ARCHÄOLOGIE | AUSGRABUNGEN IN VORWOHLDE 95

„Vorwohlde. Nienburger Topf" (1936).
Gut erhaltene rötlichbraune, fragmentierte Urne vom Nienburger Typ.
Über dem Knick fünf stehende ineinandergesetzte Dreiecke, danach über zwei Linien ein Fries mit Tupfen. Der Rand des Gefäßes wurde leider schon abgepflügt.

Ein Harpstedter Rauhtopf in situ. Zu erkennen die aufgerauhte Wandung des grob gemagerten Gefäßes. Links unten wurde ein Taschenmesser als Maßstab verwendet. Am oberen linken Gefäßrand steckt im Profil eine Scherbe, die zur ehemaligen Abdeckung des Gefäßes gehörte.

„Vorwohlde" (1936).
Rundumlaufende Fingernageleindrücke bilden die gut sichtbaren einzigen Verzierungen am oberen Rand.

„Vorwohlde. Rauhtopf" (1936).
Das Foto zeigt die Ausgrabungsfläche am Boden des Grabhügels. Im Profil noch belassen ein sog. Harpstedter Rauhtopf.

ARCHÄOLOGIE | AUSGRABUNGEN IN VORWOHLDE

„Vorwohlde. Rauhtopf" (1936).
Rauhtopf in situ. Zum Stabilisieren des Gefäßes belässt man den Topfinhalt vor Ort. Im Labor erfolgt dann die Analyse des Inhaltes. Mittig in dem noch befüllten Gefäß steckt eine Kelle zum Größenvergleich.

„Ausgrabung der Hügelgräber bei Wesenstedt. Bronzezeit 1600-1400 v. Chr." (1927).
Die Aufnahme zeigt die Arbeiter bei den Grabhügeln (links) sowie Pferd und Wagen, die zum Abtransport des Aushubes eingesetzt wurden (rechts).

Die Ausgrabungen der Hügelgräber in Wesenstedt (Stocksdorf und Harmhausen)

Eine weitere Fotoserie entstand bei den Ausgrabungen der südwestlich von Stocksdorf gelegenen Hügelgräber.
Diese Ausgrabungen wurden nötig, da Raubgräber im Winter 1926/27 einen Teil der ehemals aus etwa zwanzig Hügelgräbern bestehenden zusammengehörigen Grabhügelgruppe zerstörten. Ernst Sprockhoff leitete 1927 die Nachgrabungen. In seinem Bericht[7] ist auch Pfaffenberg erwähnt:
„Die geologischen Unterlagen hat Herr Lehrer Pfaffenberg = Vorwohlde in freundlicher Weise zur Verfügung gestellt, wofür ihm auch an dieser Stelle herzlich gedankt sei. ... Die Karte enthält alle zur Zeit noch bekannten und in der Literatur erwähnten Hügelgräber ..."[8]
Bei den Fotos in Kurt Pfaffenbergs Album handelt es sich um die Grabhügel (A, B, C) von Harmhausen, die 1927 wohl noch als gut sichtbare und große Erhebungen zu erkennen waren.[9]

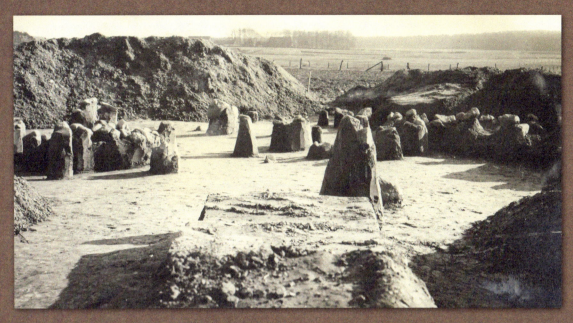

„Hügelgrab Wesenstedt" (1927). Das Erdreich von Grabhügel A wurde bis auf den gewachsenen Boden abgetragen, einzig die stehen gelassenen Findlinge sind zu erkennen und bilden eine bizarre Erscheinung in der Landschaft.

Hufeisenförmige Steinsetzung. Der Ausgräber vermutete im Innenbreich eine Bestattung in Hockerform.

GRABHÜGEL A

besaß noch einen Durchmesser von 22 Metern und eine Höhe von 1,40 Meter und eine auffällige Häufung mehrerer Findlinge. Dazu schreibt der Ausgräber Ernst Sprockhoff: *„Der Hügel enthielt ein große Anzahl kleinerer und umfangreicherer Findlinge … Die Höhenlage war verschieden, und wir haben alle an ihrer Stelle liegen gelassen, bis wir den Hügel zum gewachsenen Boden abgetragen hatten, um zu sehen, ob die Steine in irgendeiner bestimmten Ordnung hingelegt wären. Nur an zwei Stellen konnte diese Beobachtung gemacht werden, während eine allgemeine bestimmte Anordnung sichtlich nicht zu erkennen war".*[10]

Auf der nebenstehenden Fotografie ist eine hufeisenförmige Steinpackung zu erkennen. Im Inneren der durch die Steinpackung gebildeten Kammer wurde ein Tongefäß geborgen, das wohl ehemals Speisereste enthalten haben könnte. Aufgrund der Größe der Kammer von einem auf einem Meter und der Konsistenz des Bodens geht Ernst Sprockhoff davon aus, dass hier ein Mensch in Hockerlage bestattet war. Pfaffenberg, der in engem Kontakt zum Ausgräber stand, hat dies so in der Beschriftung seiner Fotos übernommen.

*„Hügelgrab Wesenstedt. Bronzezeit 1600-1400 v. Chr. Frauengrab. Massive goldene Ohrringe und Bronzenadel" (1927).
Die Aufnahme zeigt die Spuren einer Baumsargbestattung.*

GRABHÜGEL B

war mit einem Durchmesser von 22 x 22 Meter und einer Höhe von 1,60 Metern erhalten. Im Zentrum des Grabhügels auf dem gewachsenen Boden wurden eine Bestattung sowie die Reste eines Baumsarges freigelegt. Der Baumsarg war Nordost-Südwest orientiert und an seinen Längsseiten befanden sich zwei Steine, die ursprünglich seitlich unter das Holz geschoben waren, um den Sarg zu stabilisieren[11]. Im Bereich des Kopfes lagen zwei goldene sog. Ohr- oder Lockenringe. Das Skelett war vollständig vergangen, zeichnete sich aber aufgrund der Verfärbungen im Boden ab. Anhand der Beigaben kann die Bestattung in die Bronzezeit datiert werden.

ARCHÄOLOGIE | AUSGRABUNGEN IN WESENSTEDT 101

Dieses Tongefäß gehört zu einer weiteren Bestattung. Es hat vier senkrecht durchbohrte Henkel, die Schulter ist durch senkrechte Kerben rundum verziert. Daneben wurde eine Radnadel gefunden. Die Bestattung datiert in die Bronzezeit. Pfaffenberg nimmt in seiner Beschriftung die Interpretation der Funde und Befunde vorweg: *„Hügelgrab Wesenstedt. Bronzezeit. Beigabe im Frauengrab. Tränentröglein" (1927).*

102 BOHLENWEGE | ARCHÄOLOGIE

„Bohlenweg II liegt 30 cm über dem älteren Moostorf. Der Grenzhorizont tritt durch die starken Schrumpfungsriffe hervor. Selbstverständlich ergibt diese Altersbestimmung nur Näherungswerte, so daß man die Zeit der Erbauung des Bohlenweges rund auf 300 – 400 v. Chr. verlegen kann."

Die Untersuchung einiger Bohlenwege im Diepholzer Moor (1936)

Das Interesse an der Erforschung von Holzwegen über das Moor, ihrem Alter, ihrer Bauweise und ihren Erbauern war schon zur Zeit ihrer ersten Auffindung immens groß. Denn ein Hochmoor, welches nicht entwässert ist, ist auch nicht tragfähig: Somit blockierten Moore die Grundlage für eine bessere Vernetzung der Menschen bezüglich Austausch und Handel. Um ein Moor zu überqueren, braucht man gute Kenntnisse über sichere feste Stellen. Über diese sog. Bulten konnten befestigte Holzwege gebaut werden.

Durch das Abtorfen kamen schon vor 200 Jahren die ersten Bohlenwege zutage. Die ersten Moorforscher im Landkreis Diepholz suchten noch Beweise für die Erbauung der Wege durch die Römer.[12] Bauinspektor Prejawa war der erste, der in den Jahren zwischen 1890 und 1897 Altersbestimmungen

ARCHÄOLOGIE | BOHLENWEGE

„Bohlenweg III liegt im Grenzhorizont. Letzterer ist als dunkler Streifen am Grunde der senkrechten Torfwand im Hintergrunde zu erkennen. … so ist als ein etwas jüngeres Alter für diese Anlage anzunehmen, nämlich um 1000 v. Chr. Der Bohlenweg III fällt daher in die jüngere Bronzezeit."

an den Bohlenwegen durchführte. Er datierte je nach Tiefenlage im Moor und je nach Bauart und unterteilte in vorrömische, römische und mittelalterliche Wege.[13] Zunehmende Kenntnisse um die Entstehung der Moore und Pfaffenbergs Pollenanalysen brachten Licht ins Dunkel. Dank seiner Forschungsarbeiten wissen wir heute, dass die Bohlenwege am Dümmer schon während des Neolithikums, der Bronzezeit und im ersten nachchristlichen Jahrhundert gebaut wurden.

Unterschiede bestehen im Bau der Wege, die einerseits aus halbrunden Baumstämmen und andererseits aus schmalen Holzbohlen gefertigt wurden. Sie führten immer an den engsten Stellen über die Moorbereiche.
Pfaffenberg verfasste 1936 eine Publikation über die pollenanalytische Altersbestimmung einiger Bohlenwege am Diepholzer Moor.[14] Sämtliche Fotos aus dieser Schrift finden sich in seinem Fotoalbum. Bei den folgenden Fotos wurden die Originalunterschriften Pfaffenbergs verwendet.

104 BOHLENWEGE | ARCHÄOLOGIE

„Bohlenweg III" (1936).
Gut zu erkennen ist die senkrechte Torfwand im Hintergrund.

„Bohlenweg IV.
Unterhalb des Meterstabes sind die quer angeschnittenen Bohlen sichtbar.
Danach ist dieser Bohlenweg rund um 300 n. Chr. erbaut."

106 BOHLENWEGE | ARCHÄOLOGIE

„Bohlenweg XIII.
Der viereckige Pfahl ist
vor 40 Jahren von Prejawa
zu Wiederauffindung des
Bohlenweges eingeschlagen.
Länge des Meterstabes 1 m.
Danach ist Bohlenweg XIII
mit Bohlenweg III gleichaltrig.
Seine Erbauung fällt also
auch um 1000 v. Chr."

ARCHÄOLOGIE | BOHLENWEGE   107

„Bohlenweg VI. Die Erbauung dieses Bohlenweges fiele dann in die Zeit 106 – 171 n. Chr.,
in abgerundeten Zahlen ausgedrückt in die Zeit 100 bis 200 n. Chr."
Zu erkennen sind die aus dem Torfhorizont herausragenden Holzbohlen.
Der am rechten Bildrand zu sehende Zollstock reicht bis zum Laufhorizont.

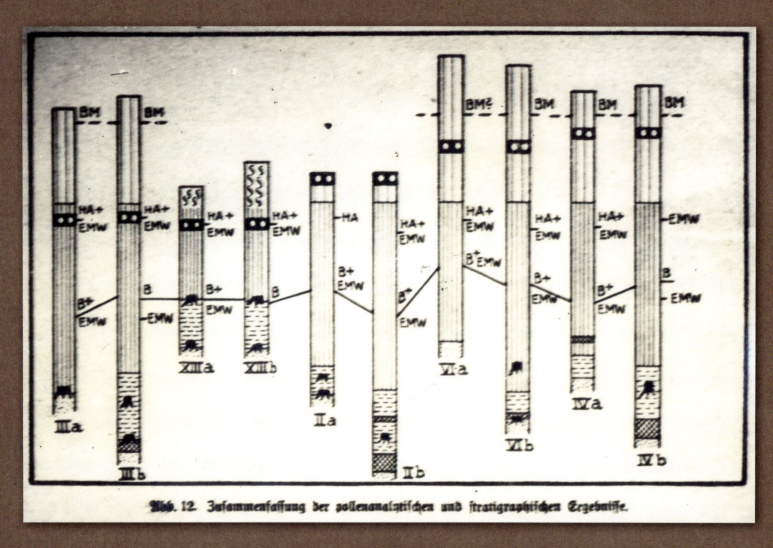

„Lage der Bohlenwege im Torf" (1936).
Das Foto zeigt Abbildung 12 aus Pfaffenbergs Publikation mit der
„Zusammenfassung der pollenanalytischen und stratigraphischen Ergebnisse."

ARCHÄOLOGIE | BOHLENWEGE 109

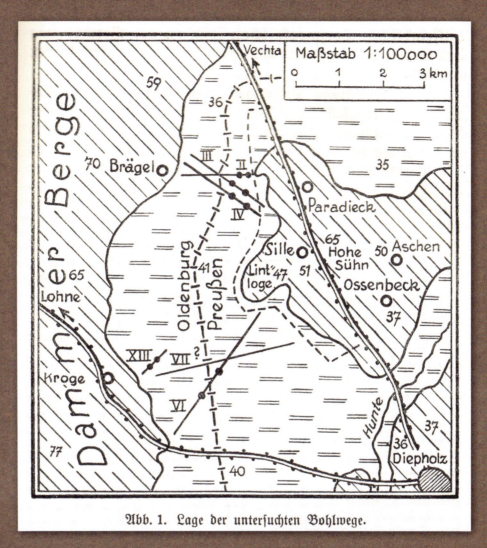

„Bohlenwege im Diepholzer Moor" (1936).
Das Foto zeigt Abbildung 1 aus Pfaffenbergs Publikation mit der
„Lage der untersuchten Bohlenwege."

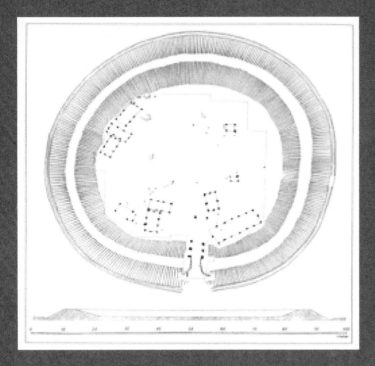

Abb. Nach Sprockhoff 1927, Abb. 1.

Die Ausgrabungen der frühgeschichtlichen Ringwallanlage (sog. Hünenburg) in Stöttinghausen

Kurt Pfaffenberg war auch bei den Ausgrabungen des Stöttinghausener Ringwalles[15], der sog. Hünenburg anwesend. Neunzehn seiner Fotos dokumentieren die Ausgrabungen, die 1932 von Ernst Sprockhoff[16] geleitet wurden.

Die frühgeschichtliche Burgenanlage hat einen Durchmesser von 80 Metern und wurde aus Heideplaggen aufgeschichtet. An der Basis war der Wall 8,25 Meter breit. Die heutige Höhe von drei Metern dürfte ehemals höher gewesen sein. Um den Wall zu stabilisieren war er im Abstand von 0,40 Metern mit Langhölzern durchzogen.[17] Der äußere Wall war mit einem Spitzgraben umgeben. Zwischen Wall und Graben befand sich eine drei Meter breite Berme.[18]

Der Zugang zum Innern erfolgte über eine zwölf Meter lange und drei Meter breite Toranlage, die dem Wallverlauf angepasst war. Die äußere Befestigung bestand aus einer Palisadenmauer, daran anschließend eine Spundwand. Jeweils drei sich gegenüberliegende Pfosten bilden den Abschluss der Toranlage. Die Rundstämme von einem Meter Durchmesser reichten noch 1,20 Meter in das Erdreich hinein und könnten als Pfeiler zum Tragen einer schweren Last gedient haben. Sprockhoff spricht hier von den Pfeilern eines Turmes.[19]

Im komplett ausgegrabenen Innenraum der Anlage wurden anhand der ausgegrabenen Pfostenlöcher acht größere am Wallfuß angelegte Hausgrundrisse nachgewiesen. In keinem dieser Häuser fand sich eine Herd- oder Feuerstelle.

Nur wenige keramische Funde ermöglichen eine grobe zeitliche Einordnung bzw. Nutzungsdauer zwischen dem 5. und 9. nachchristlichen Jahrhundert.

ARCHÄOLOGIE | RINGWALLANLAGE 111

„Der Wall mit Außengraben" (1932).

Der aufgeschüttete Ringwall.

112 RINGWALLANLAGE | ARCHÄOLOGIE

Grabungsfoto der Toranlage. Bei den dunklen Verfärbungen handelt es sich um die ehemalige Toranlage. Im hinteren Bereich die runden Verfärbungen (Überreste) der ehemals mächtigen Pfosten.

Rechte Seite der Toranlage mit Blick auf das Ausgrabungsgelände.

Pfostenlöcher von Häusern, die im inneren Bereich der Anlage ausgegraben wurden.

„Tor von außen nach innen" (1933).
Pfostenlöcher vor dem Tor.

Blick über das Ausgrabungsgelände. Zum schnelleren Abtransport des Aushubes wurde eine Kipp-Feldlorenbahn eingesetzt.

Ausgrabungen an Hunte und Dümmer sowie die für Pfaffenberg besonderen Funde (Hunte 1)

Der Dümmer - nach dem Steinhuder Meer der zweitgrößte Binnensee in Niedersachsen – wird von der Hunte durchflossen, die im Südwesten in den See hinein- und im Norden wieder herausfließt. Schon in ur- und frühgeschichtlichen Zeiten war die Gegend ein beliebtes Siedlungsareal. Dem Engagement von Fritz Lohmeyer, dem 1934 bei Entwässerungs- und Regulierungsmaßnahmen[20], schon die ersten Funde zugetragen wurden, ist es zu verdanken, dass dieser Platz als Siedlungsstelle erkannt wurde. In den Jahren ab 1938 fanden hier unter dem Leiter des Reichsamtes für Vorgeschichte Hans Reinerth die ersten planmäßigen Ausgrabungen statt. Der feuchte Boden sowie die geringe landwirtschaftliche Nutzung ermöglichten hervorragende Erhaltungsbedingungen für organische Materialien sowie archäologische Funde und Befunde.[21]

Kurt Pfaffenberg, der im Rahmen seiner Studien ebenfalls rund um die Ausgrabungsfläche tätig war, hat zahlreiche ihm interessant erscheinende Funde und Befunde fotografiert. Diese umfassen Hausgrundrisse, Keramikscherben, Werkzeuge, Tierknochen sowie einen menschlichen Schädel.

„Topfscherben mit Tiefstich" (1938).
Eine Auswahl von mit Tiefstich verzierten Scherben, die bei den Ausgrabungen gefunden wurden. Typisches Merkmal sind die üppigen und vielseitigen Verzierungselemente. Die Keramik gehört zur westfälisch-emsländischen bzw. oldenburgischen Kulturprovinz der sog. Trichterbecherkultur.

Kurt Pfaffenberg bezeichnet die Geräte als Hirschgeweih und Hirschhornaxt. Eine Terminologie, die er von Hans Reinerth übernommen hat. Geweihgeräte werden aus den kräftigen Basalteilen (Rosenteilen) der schädelechten oder abgeworfenen Geweihstangen hergestellt.

Unten im Bild eine vollständig erhaltene Felsgesteinaxt, oben ein Felsgesteinbeil. Beide Geräte können typologisch und zeitlich schwer eingeordnet werden.

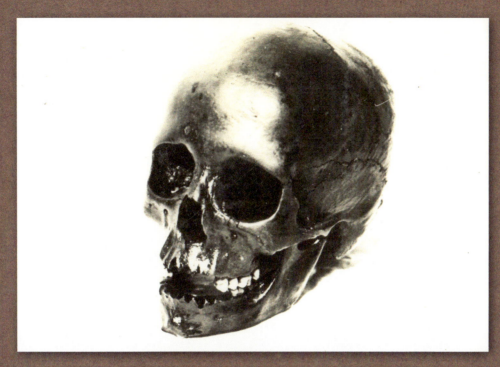

„Weiblicher Schädel" (1938). Von den insgesamt 33 menschlichen Knochen sind nur bei diesem Schädel sowohl Ober- als auch Unterkiefer erhalten. Es handelt sich um ein 15 – 18 Jahre altes weibliches Individuum. An den Zähnen sind Zahnsteinauflagerungen zu erkennen.

Ein Mahlstein, mit Bodenstein und Läufer. Der Unterlieger besteht aus konglomeratischem Karbon-Sandstein. Dieser stammt aus dem Osnabrücker Land und musste über eine Strecke von mehr als 30 Kilometern transportiert werden. Der Läuferstein besteht aus grauem Granit.

Bei den Ausgrabungen wurden mehrere Gebäude freigelegt, die von Hans Reinerth als Häuser bezeichnet werden. Bei Kurt Pfaffenbergs Fotos ist dies als *„Fußbodenbelag mit Brunnen"* beschrieben. Vergleiche für die unterschiedlichen durch Reinerth ausgegrabenen Haustypen gibt es in der Trichterbecherkultur sowie in der schnurkeramischen bzw. Einzelgrabkultur. Erle, Esche, Birke und Hasel fanden am Dümmer als Bauholz Verwendung. Neue dendrochronologische Datierungen an Hölzern von Haus 22 (nach Reinerth) liegen zwischen 2801 v. Chr. und 2748 v. Chr.(Kossian 2007, 110-111).

Als „Haus mit Herdstelle" wurde dieser Befund von Kurt Pfaffenberg in seiner Beschriftung bezeichnet. Auf dem gesamten Grabungsgelände von Hunte 1 wurden an 14 Stellen Konzentrationen von Feuersteinen gefunden. Für Hans Reinerth waren diese Befunde Schlagplätze bzw. Feuersteinschlagstellen. Rainer Kossian spricht von Werkabfällen und unbearbeiteten Silexrohstücken. Das Foto zeigt eine Anhäufung von Silices, die in der Nähe eines Hauses gefunden wurden.

Hunte 1 – Die Ausgrabungstechnik

Eine weitere bemerkenswerte Fotoserie in Kurt Pfaffenbergs Fotoalbum erlaubt Rückschlüsse über die angewandten Grabungstechniken und -methoden bei der sog. Ausgrabung Hunte 1 am Dümmer. Es handelt sich hierbei um den Einsatz eines sog. Senkkastens, der von Hans Reinerth schon bei den Ausgrabungen des steinzeitlichen Dorfes in Sipplingen am Bodensee Ende der 1920er-Jahre[22] ausprobiert wurde. Aus den daraus resultierenden Erfahrungen sollte ein Caisson auch bei den Ausgrabungen an der Hunte eingesetzt werden. Pfaffenberg schien dies so beeindruckt zu haben, dass er 1939 eine Bildstrecke vom Bau bis zum Einlassen des Kastens in sein Fotoalbum klebte. Bei der Recherche stellte sich heraus, dass nicht alle Fotos von ihm selbst aufgenommen wurden, sondern beispielsweise von Kollegen und Grabungsmitarbeitern.[23]

Die umfangreichen Ausgrabungen des Reichsamtes für Vorgeschichte unter Hans Reinerth wurden 2007 von Rainer Kossian veröffentlicht.[24] Dort beschreibt er den Einsatz wie folgt: *„Der Aktion wohnten neben Reinerth und Michaelsen, zeitweise Prof. Jacob-Friesen, Prof. Vogel, Prof. Reichling und Kurt Pfaffenberg bei."* Wie Pfaffenberg später berichtete, wurde der Kasten entgegen der ursprünglichen Planung, die eine großflächigere abschnittweise Untersuchung des Seebodens zum Ziel gehabt hatte, nur einmal abgesenkt. Lauf Pfaffenberg konnten die Kastenwände wegen des dichten Bewuchses nicht tief genug in den Seeboden einschneiden, um ein restloses Abpumpen des Wassers zu ermöglichen. Man habe *„die Pfosten mit den Füßen nicht gefühlt und nicht gesehen".*[25]

ARCHÄOLOGIE | HUNTE 1 – AUSGRABUNGSTECHNIK 121

„Der Senkkasten wird zusammengesetzt" (1939). Schmiedemeister Markus aus Dümmerlohausen stellte aus drei Millimeter dicken Stahlplatten einen zerlegbaren Kasten her (2 m hoch, 4 m lang, 4 m breit).

Tischlermeister Fröhle baute zwei Pontons, die den 1,6 Tonnen schweren Senkkasten zu der 600 Meter weiter entfernten Fundstelle transportieren sollten.

Vorbereitende Arbeiten zum Abtransport des Senkkastens.

Der Senkkasten wurde mittels Winden in den See gesenkt (Foto: A. Schomaker).

Der Senkkasten wurde im Oktober 1939 in den See eingesetzt (Foto: H. Reichling).

Laut einem Bericht der Diepholzer Kreiszeitung vom 15.10.1938 wurden Fotografen und Presse eingeladen diesem Ereignis beizuwohnen.

Anmerkungen

1. Lukrativ für Grabräuber sind die vermeintlich wertvollen Grabbeigaben.
2. Grabhügel dienten in prähistorischen Zeiten auch als markante Gebietsmarkierungspunkte.
3. Sprockhoff, 1939, 20.
4. Diese Ausgrabungen wurden von Pastor Israel und Pastor Schmidt durchgeführt. Bei den Untersuchungen wurden festgestellt, dass es wohl zu früheren Zeiten Zerstörungen der Grabhügel gab. Die Ausgräber entschlossen sich nach den Grabungen den Hügel wieder herzustellen um das Landschaftsbild zu erhalten (schriftlicher Briefwechsel in den Ortsakten vorhanden).
5. Das Skelett konnte nur anhand der Oberschenkelknochen durch Verfärbung und Härte des Erdreichs erkannt werden. Eine Konservierung war nicht möglich.
6. Brief Kurt Pfaffenbergs vom 7.12.1936 an das Landesmuseum in Hannover. Ortsakten 18/3218/37.
7. Sprockhoff, 1927, 92-109.
8. Sprockhoff 1927, 92.
9. Bei den Hügelgräbern von Harmhausen haben ursprünglich mindestens 13 Gräber zusammen gelegen. Durch landwirtschaftliche Nutzung wurden die Gräber zum größten Teil zerstört. Sprockhoff konzentrierte sich bei seinen Ausgrabungen auf die drei zu erkennenden Gräber (A,B,C).
10. Sprockhoff 1927, 103.
11. Sprockhoff 1927, 106.
12. Carl Heinrich Nieberding (1779-1851), Hugo Prejawa (1854-1926).
13. Prejawa zu Ehren wurden die Moorwege später mit PR bezeichnet.
14. Pfaffenberg 1936.
15. Die Wallanlage wurde evtl. als Schutzburg genutzt. Sie liegt am sog. „Folcweg", einem Handelsweg zwischen Weser und Hunte. Zwei Interpretationen zur Nutzung und Bauzeit der Burgenanlage werden immer wieder genannt: 1. Entstehung während der Zeit der Sachsenkriege zur Zeit Karls des Großen oder 2. Schutzburg von Heinrich I. (875-936) vor Angriffen aus Ungarn stammender Gruppen.
16. Sprockhoff 1933a, 213-218.
17. Wolf 1995, 10.
18. Eine Berme ist ein horizontales Stück oder ein Absatz des Walls (Böschungsabsatz).
19. Sprockhoff 1933b, 1-4.
20. Kossian 2007, 13.
21. Kossian 2007, 299.
22. Im trocken gelegten Caisson konnte ein etwa 350 m großer Ausschnitt im Horgener Siedlungsareal im Westen der Bucht untersucht werden. Reinerth 1932.
23. Im Pfahlbaumuseum am Bodensee, das Hans Reinerth seit 1953 leitete und dessen Nachlass dort verwaltet wird, befinden sich Teile der Ausgrabungsdokumentationen (APM-Dümmer Akte; Dümmer, Hunte 1, Oldenburg, Niedersachsen, 1938-40). Die nicht eindeutig Pfaffenberg zuzuordnenden Fotos sind gekennzeichnet.
24. Rainer Kossian, „Ein mittel-spätneolithischer und frühbronzezeitlicher Siedlungsplatz am Dümmer, Lkr. Diepholz (Niedersachsen). Die Ergebnisse der Ausgrabungen des Reichsamtes für Vorgeschichte in den Jahren 1938 bis 1940."

    Hans Reinerth bemühte sich noch während des Krieges um eine Gesamtpublikation. Dies scheiterte an der mangelnden Stromversorgung der Druckerei. Weitere Versuche die Grabungsergebnisse und naturwissenschaftlichen Untersuchungen nach dem Krieg zu veröffentlichen blieben erfolglos. Erst im Jahr 2007 wurde durch Kossian eine umfangreiche Publikation vorgelegt. Kossian schildert darin detailliert die Odyssee der Dokumentation und der Funde (Kossian 2007, 59 u. 299).
25. Kossian 2007, 40.

LITERATUR:

Hayen 1987:
Hayen, H. Die Moorleichen im Museum am Damm. Veröffentlichungen des Staatlichen Museums für Naturkunde und Vorgeschichte Oldenburg, Nr. 6. Oldenburg 1987.

Heine 2001:
Heine, H-W., Frühe Burgen und Pfalzen in Niedersachsen. Von den Anfängen bis zum frühen Mittelalter. Hildesheim 2001.

Kossian 2007:
Kossian, R., Ein mittel- bis spätneolithischer und frühbronzezeitlicher Siedlungsplatz am Dümmer, Lkr. Diepholz. Die Ergebnisse der Ausgrabungen des Reichsamtes für Vorgeschichte in den Jahren 1938 bis 1940. Veröffentlichungen der archäologischen Sammlungen des Landesmuseums Hannover. Band 52. Hannover 2007.

Lindner 1934:
Lindner, W., Der Heimatschutz im neuen Reich. Schriften zur deutschen Lebenssicht. Leipzig 1934.

Pfaffenberg 1930:
Pfaffenberg, K., Bericht über ein Torfprofil mit der Fundstelle einer Lanzenspitze. Moor bei Donstorf, Krs. Diepholz. OA 26/3317/163. (Maschinengeschr. Manuskript).

Pfaffenberg 1936:
Pollenanalytische Altersbestimmung einiger Bohlenwege am Diepholzer Moor. Nachrichten aus Niedersachsens Urgeschichte 10, 1936, 62-98.

Pfaffenberg 1936 a:
Pfaffenberg, K., Bohlenwege im Moor – die ältesten germanischen Kunststraßen. – Die Straße 16, 1936, 522-524.

Pfaffenberg 1942:
Pfaffenberg, K., Die geologische Lagerung und pollanalytische Altersbestimmung der Moorleiche von Bockhornerfeld. Schriften der Wittheit zu Bremen, Reihe B. Herausgegeben vom Naturwissenschaftlichen Verein Bremen. XXXII Band, Heft 1, 77-90. Bremen.

Pfaffenberg 1947:
Pfaffenberg, K., Getreide und Samenfunde aus der Kulturschicht des Steinzeitdorfes am Dümmer. – 94.-98. Jahresbericht der Naturhistorischen Gesellschaft zu Hannover für die Jahre 1942/43-1946/47 (1947), 69-82.

Pfaffenberg 1955:
Pfaffenberg, K., Neue urgeschichtliche Funde aus dem Altkreis Sulingen. – Die Kunde. Zeitschrift für niedersächsische Archäologie. NF 6, Heft 1-2. 1-5.

Pfaffenberg 1957:
Pfaffenberg, K., Ein Eibenholzpfeil aus dem Wietingsmoor. – Die Kunde. Zeitschrift für niedersächsische Archäologie. NF 8. Heft 3-4. 191-198.

Pfaffenberg 1958:
Pfaffenberg, K., Geologische und botanische Untersuchungen an der Moorleiche aus dem Lengener Moor. Abhandlungen des Naturwissenschaftlichen Vereins Bremen 35. Heft 2, 301-321.

Pfaffenberg 1963:
Pfaffenberg, K., Der Dümmer und seine älteste Besiedlung. – Neues Archiv Niedersachsen 12. 250-256.

Pfaffenberg/Dienemann 1964:
Pfaffenberg, K./Dienemann W., Das Dümmerbecken. Beiträge zur Geologie und Botanik.- Veröffentlichungen des Niedersächsischen Instituts für Landeskunde und Landesentwicklung an der Universität Göttingen, Reihe A, Band 78. Hildesheim 1964.

Reinerth 1932:
Reinerth, H., Das Pfahldorf Sipplingen. Führer zur Urgeschichte 10. Leipzig.

Reinerth 1939:
Reinerth, H., Ein Dorf der Großsteingräberleute. Die Ausgrabungen des Reichsamtes für Vorgeschichte am Dümmer. – Germanen-Erbe 4, 1939, 226-242.

Sprockhoff 1927:
Sprockhoff, E., Hügelgräber bei Stocksdorf und Harmhausen, Gem. Wesenstedt im Kreise Sulingen. – Nachrichten aus Niedersachsens Urgeschichte 1, 1927, 92-109.

Sprockhoff 1933a:
Sprockhoff, E., Vorläufiger Bericht über die Ausgrabungen der Hünenburg bei Stöttinghausen, Bez. Bremen. – Germania 17, 1933, 213-218.

Sprockhoff 1933b:
Sprockhoff, E., Der Hünenring bei Stöttinghausen, Kr. Syke. – Die Kunde. Mitteilungsblatt der Arbeitsgemeinschaft für die Urgeschichte Nordwestdeutschland 1, 1933, 1-4.

Sprockhoff 1939:
Sprockhoff, E., Einige Bestattungsbräuche in Westhannover: Darstellungen aus Niedersachsens Urgeschichte 4. Urgeschichtsstudien beiderseits der Niederelbe (Jacob-Friesen Festschrift) 1939. 188-225.

Wolf 1995:
Wolf, A., Die Hünenburg bei Stöttinghausen. – Zwischen Hunte und Weser. Mai 1995, 10.

Heinz Riepshoff

Kurt Pfaffenberg und die ländliche Baukultur

Nach der Schule besuchte Kurt Pfaffenberg die Präparandenanstalt und anschließend das Lehrerseminar in Hannover und wurde 1909 als Lehrer an die einklassige Volksschule nach Vorwohlde im damaligen Kreis Sulingen abgeordnet. Die Dorfschule war ein typisches Niederdeutsches Fachwerkhaus, inschriftlich datiert auf 1837, und über der „Grotdör" stand der Spruch: *Zum Besten der Jugend.* Edith Albers schrieb in ihrer Jahresarbeit: *Bis zum Bau der neuen Schule 1913 wurde hier unter oft ungünstigen Bedingungen einklassig unterrichtet.* Ein neues Schulgebäude mit Unterrichtsräumen und eine Lehrerwohnung entstand erst 1913.[1] Was Pfaffenberg über die ungünstigen Bedingungen der alten Schule dachte, wissen wir nicht. Es ist auch nicht bekannt, ob er dort wohnte.

Davon unbeeindruckt ließ er sich aber nicht davon abhalten, seine dörflich-ländliche Umgebung eingehend zu erkunden. Im Gegenteil: Neben seinem wachsenden Interesse an Pflanzenkunde, Erkundung der umliegenden Moore, Erdgeschichte sowie Frühgeschichte und Archäologie finden wir in seinen Fotoalben eine Vielzahl von Abbildungen bäuerlichen Lebens, aus einer Zeit, die aus unserer heutigen Sicht schon

„Einseitig gewachsene Eichen in Ströhen" (1926).
In einem Zeitungsartikel von 1950 schreibt Pfaffenberg: *Unser Altkreis Sulingen bietet Landschaftlich nur wenig Abwechslung. Große Ebenheiten lassen den Blick weit über Äcker und Wiesen schweifen. Selten nur bringen Geländefalten etwas Unruhe in unsere sonst so ausgeglichene Landschaft.*

„Diele mit Wandverzierung aus weißem Sand, Langenäse" (1928).

seit Jahrzehnten der Vergangenheit angehört. Neben den Gebäuden, in denen die Menschen lebten und wirtschafteten, erkennen wir in den Fotos eine große Sympathie für die Landschaft und die Menschen, die darin wohnten. Offenbar war auch Kurt Pfaffenberg der große dokumentarische Wert seiner Aufnahmen bewusst, akribisch wurden die Fotos in Fotoalben eingeklebt, beschriftet und exakt verzeichnet. Die frühesten Fotos stammen von 1926, die letzten von 1948.[2]

Geschrieben hat Kurt Pfaffenberg sehr viel, vor allem zu botanischen und geologischen Themen (siehe Literaturverzeichnis). Zur Geschichte der Bauern, wie sie lebten und wirtschafteten oder über die architektonische Bedeutung der Gebäude, hat er neben den vielen Fotos nur wenig Schriftliches hinterlassen. In einem Zeitungsartikel mit der Überschrift: *Dannenböme – Sinnbilder des Lebens*[3] beschreibt er ein wohl nur auf Norddeutschland beschränktes Phänomen,

bei dem die Herdwände von Niederdeutschen Hallenhäusern mit sogenannten „Dannenbömen" bemalt wurden. Es handelt sich dabei um eine mit Sand versetzte Kalkmalerei, mit der tannenbaumähnliche Ornamente und Figuren auf die rußgeschwärzten Wände gemalt wurden. Pfaffenberg schreibt: … *Vor zehn Jahren gab es im Kreise Nienburg noch Dörfer, in denen zum Weihnachtsfest der Schmuck erneuert wurde. Bekannt war das Rauchhaus in Binnen, aber auch in Dolldorf und in Glissen bei Bühren gab es Häuser, in denen die schöne Sitte erhalten geblieben war. Besonders schön waren die Ornamente, die mit Kalk oder Sand auf die rußgeschwärzten Wände aufgetragen wurden, in dem strohgedeckten Häuslingshaus der Familie Kappelmann in Dolldorf.*[4] *Über 300 Jahre ist das Haus alt, und in ihm wurde auch der Brauch geübt, die Dielen mit Tannenbaumornamenten aus weißem Sand zu bestreuen. Diese an Runen erinnernden Sinnzeichen fanden sich auch an altem Hausgerät wieder. In Dolldorf gab es noch ein zweites, aus dem Jahre 1730 stammendes Bauerhaus … … Die Vorgeschichtsforschung führt den Brauch auf religiöse Vorstellungen unserer Ahnen zurück. Funde aus der Steinzeit haben bewiesen, daß das Tannenbaumornament bereits in jener Zeit bekannt war …*[5]
Am Ende des Artikels relativiert Pfaffenberg diese Annahme mit den Worten: … *Es geht hier so wie mit alten Volksbräuchen überhaupt. Dat möt so wäsen, und niemand weiß so recht, warum es so sein muß.*

Ein weiterer Zeitungsartikel von 1950 ist überschrieben mit: *Alte Roßmühlen und Spieker im Kreisteil Sulingen.*[6] Pfaffenberg beginnt mit einer Landschaftsbeschreibung, der bis heute nicht viel hinzuzufügen ist: *Unser Altkreis Sulingen bietet landschaftlich nur wenig Abwechslung. Große Ebenheiten lassen den Blick weit über Äcker und Wiesen schweifen. Selten nur bringen Geländefalten etwas Unruhe in unsere sonst so ausgeglichene Landschaft. Eingestreut in ihr liegen die Siedlungen und Einzelhöfe, umgeben von einem Kranz mächtiger Eichen. In dieser flachen und wohl auch einförmigen Landschaft sind hervorragende Kunstdenkmäler nicht zu erwarten. Es fehlen ja auch große Städte, herrliche Burgen und alte Klöster.* Das Fehlen von herrlichen Burgen und Klöstern dürfte wohl nur einem Bildungsbürger wie Kurt Pfaffenberg aufgefallen sein – der einheimischen Bevölkerung der 1. Hälfte des 20. Jahrhunderts eher nicht. Das hatte auch Pfaffenberg erkannt:

Man muß schon in dieser Landschaft aufgewachsen sein, um die tiefe Verbundenheit von Landschaft, Mensch und Menschenwerk zu empfinden. Erst dann ist das bäuerliche Schaffen zu verstehen. Was unsere Landschaft an Bauten und Formen zeigt, ist nicht geworden aus Lust am Schmücken, sondern es war die Notwendigkeit und Zweckmäßigkeit, die die bäuerlichen Bauten entstehen ließen.

Eine Notwendigkeit zum Bauen gab und gibt es immer, und dass diese Bauten zweckmäßig sein sollten, liegt auf der Hand. Aber auch eine große Lust am Schmücken ist den Bauernhäusern, Speichern und Scheunen nicht abzusprechen. Wie sonst könnten wir heute zwischen Renaissancebauten, Bauten aus dem Barock oder der Gründerzeit unterscheiden? Gerade die von ihm angeführten „Spieker" (Speicher) zeichnen sich durch eine große Vielfalt an Schmuckformen und raffinierten Konstruktionsmerkmalen aus.[7]

Bemerkenswert sind die von ihm beschriebenen und fotografierten Varianten an Mühlen, die es noch in den 1920er und 1930er Jahren im Sulinger Land gab. Neben Wind- und Wassermühlen (seltenes Foto der letzten Bockmühle im Kreis Sulingen), die sich als Typus bis heute als technische Denkmale erhalten haben, sind die von ihm festgehaltenen Hofmühlen in Ströhen und Renzel heute so nicht mehr zu finden. Eine das Mahlwerk antreibende senkrechte Achse durchstößt die Gebäudemitte bis über das Dach und wird über einen daran befestigten Hebelarm durch ein Pferd angetrieben. Eine ähnliche Funktionsweise hat ein achteckiges Göpelhaus, allerdings lief das Pferd innerhalb des Gebäudes oder in wenigen Fällen sogar nur auf einem Platz ohne Gebäude. Achteckige Gebäudehüllen sind durchaus noch auf unseren Höfen zu finden, in der Regel aber ohne technische Ausstattung. Auf einem Foto von 1939 ist eine der frühesten Mühlentypen überhaupt zu sehen. Eine archäologische Grabung hatte einen Mahlstein

„Heidmühle Sudwalde" (1928). Die Windmühle steht nicht mehr, zeigt aber auf dem Foto den nur selten zu sehenden ursprünglichen Wandbehang aus Dachstroh.

(Reibstein) zu Tage befördert, bestehend aus dem flachen Lagerstein und einem fast kugelförmigen Reibestein.
1951 veröffentlichte Kurt Pfaffenberg einen zehnseitigen Artikel mit der Überschrift: *Von alter Bauernart*.[8] Über die bäuerliche Baukultur ist es sein längster Artikel und im Vergleich zu seinen fast unzähligen Veröffentlichungen mit hoher Sachkunde über botanische und naturkundliche Themen, bleibt sein Wissen über die hiesige Hauslandschaft demgegenüber deutlich

zurück. Hinzu kommen Formulierungen, wie sie in vielen „wissenschaftlichen" und vom völkischen Denken geleiteten Aufsätzen und Büchern der ersten Hälfte des 20. Jahrhunderts und insbesondere der NS-Zeit gebräuchlich waren.[9]

Das Niederdeutsche Bauernhaus beschreibt er wie folgt: *Das Bauernhaus ist das wichtigste Merkmal des Niedersachsenstammes. Entsprechend der niedersächsischen Stammesart läßt sich auch vom Bauernhaus sagen, daß es einfach, praktisch, fest und schwer ist. Der Bauinspektor Prejawa in Diepholz schrieb einmal vor 50 Jahren: „Das niedersächsische Bauernhaus ist eine Offenbarung der Volksseele"*[10] Das politische Niedersachsen ist erst in der jüngeren Geschichte 1946 entstanden, zu einer Zeit, als es das Niederdeutsche Hallenhaus schon lange gab. Tatsächlich ist das Verbreitungsgebiet dieses Bautyps deutlich größer und reicht von Schleswig-Holstein bis nach Hessen und von den Niederlanden bis nach Pommern – es ist der Haustyp schlechthin im niederdeutschen Sprachraum. Ein „Niedersachsenhaus", also einen Haustyp, der nur in Niedersachsen zuhause ist, gibt es nicht.

Das Niedersachsenhaus ist seiner Bauform nach ein Zweiständerhaus, das heißt: Zwei Reihen von Holzpfeilern (Ständer), die durch Anker verbunden sind, tragen das gewaltige Dach und stützen das Haus. Um weiteren Raum zu gewinnen, sind an den Dachsparren in Höhe der Balkenlage noch tiefer reichende Dachsparren angeschient[11] Besser beschrieben wäre das Zweiständerhaus wie folgt: Das Niederdeutsche Hallenhaus ist seiner Bauform nach ein Zweiständerhaus, das heißt: Zwei parallele Ständerreihen werden horizontal durch eine Balkenlage verbunden. Oberhalb der Balken befindet sich der Bergeraum, i.d.R. das im Sommer geschnittene Getreide. Weiterhin haben die verbindenden Balken eine wichtige konstruktive Funktion, sie dienen als Ankerbalken zu den gegenüberliegenden Ständern, mit denen sie durch Kopfbänder verbunden sind. Ständer und Balken tragen das Dach des Hauses. Links und rechts der beiden Ständerreihen befinden sich die niedrigen Kübbungen zur Unterbringung des Viehs. Damit das auf der inneren Ständerkonstruktion stehende Dach auch die Kübbungen überdeckt, werden Aufschieblinge verwendet, die von den niedrigen Kübbungswänden bis zu den Sparren oberhalb der Balkenlage reichen.

In unserer Heimat ist die Raumaufteilung von frühester Zeit bis zur Gegenwart die gleiche geblieben. Der altgermanische Hallenraum hat sich also im niedersächsischen Bauernhaus bis in unsere Tage erhalten.[12] Erst in neuerer Zeit finden wir auf unseren Höfen die Auflösung des dreiteiligen Raumes in drei selbständige Häuser: in Wohnhaus, Stall und Scheune. Was Pfaffenberg „unter einer neueren Zeit" verstanden hat, wissen wir nicht genau. Tatsache ist, dass bereits beim Bau der heute noch stehenden ältesten Niederdeutschen Hallenhäuser vor ca. 500 Jahren auf unseren Höfen Scheunen, Speicher und Ställe gestanden haben.[13]

Wenn uns auch die Texte von Kurt Pfaffenberg über die ländliche Baukultur nicht wirklich weiterhelfen und seine noch in der Nachkriegszeit verwendeten indoktrinierten Formulierungen mit völkischem Inhalt sogar irritieren (die Literatur der damaligen Volkskundler war ihm sicher bekannt), seine Fotos aber sind großartig. Neben Landschaftsaufnahmen im Raum Sulingen hat er Bauernhöfe und -Häuser sowie Häuslingshäuser, Scheunen, Ställe und Speicher, Mühlen und Kirchen fotografiert. Viele der Gebäude wurden vor allem nach 1945 abgebrochen oder zur Unkenntlichkeit verändert. Weiterhin geben uns Innenaufnahmen einen Eindruck vom Leben der Bauern, das sich über Jahrhunderte nur wenig geändert hatte. Der Umbruch in eine neue Zeit hatte gerade erst um die Jahrhundertwende vom 19. zum 20. Jahrhundert begonnen. Auch auf dem Lande wollte man wohnen wie in der Stadt, in einem Haus mit Schornstein, rauchfreien Räumen und gepolsterten Sitzmöbeln. In den 1920er Jahren hatte Pfaffenberg noch die offenen Herde ohne Schornstein gesehen und alte Menschen, die sich am Hinterladerofen in der Stube wärmten.

Anmerkungen

1. Jahresarbeit an der Landfrauenschule in Hildesheim, 1967/68 von Edith Albers, geb. Cording. „Meine Jahresarbeit über das Dorf Vorwohlde". Edith Albers gehört zu einem der ersten Jahrgänge, die nicht mehr bei Pfaffenberg unterrichtet wurden. In dieser Arbeit sind fast ausschließlich Fotos von Kurt Pfaffenberg verarbeitet, die sich Edith Albers als Kopien besorgt hatte.

2. Die Fotos, bzw. die Fotoalben, befinden sich im Stadtarchiv Sulingen.

3. Quelle und Herausgabe des Zeitungsartikels ist unbekannt.

4. Riepshoff, Heinz: Häuslingshaus, Bauernhaus, Spargelmuseum – die steile Karriere eines musealen Gebäudes. In: Vogeding, Ralf (2018): Materialien zur Alltagsgeschichte, Hausforschung und Kultur im Landkreis Diepholz und benachbarten Regionen. Band 4 – 2018, Kreismuseum Syke, S. 286-295.

5. An dieser Stelle kommt bei Kurt Pfaffenberg das völkische Gedankengut aus der NS-Zeit zum Vorschein. Das Weihnachtsfest mit dem geschmückten Tannenbaum als zentralem Versammlungsort der Familie, begann sich vor ca. 200 Jahren allmählich im deutschen Sprachraum zu verbreiten. Mit dem Hinweis auf die Vorgeschichtsforschung und auf die Ähnlichkeit von Steinzeitfunden sollte die ununterbrochene kulturelle Identität unserer Vorfahren bewiesen werden. Hierzu verweise ich auf: Leithäuser, Sandra: Weiße Tannenbaumzeichnungen an verrußten Wänden niederdeutscher Bauernhäuser. Die Suche nach Spuren, Bedeutung und Geschichte eines Brauchs. Unveröffentliche Masterarbeit am Institut für Baudenkmalpflege, Fakultät Bauen und Erhalten, Hochschule für angewandte Wissenschaft und Kunst, HAWK Hildesheim, Wintersemester 2013/2014, 10.2.2014, sowie Leithäuser, Sandra: Weiße Tannenbaumzeichnungen im Ruß und Sott – eine kritische Betrachtung. In: Vogeding, Ralf (2015): Materialien zur Alltagsgeschichte, Hausforschung und Kultur im Landkreis Diepholz und benachbarten Regionen. Band 3 – 2015, Kreismuseum Syke, S. 144-154. Verweise auf Runen waren in der NS-Zeit selbst bei Wissenschaftlern weit verbreitet, haben aber in der heutigen wissenschaftlichen Volkskunde keine große Bedeutung mehr.

6. Pfaffenberg, Kurt: Alte Roßmühlen und Spieker im Kreisteil Sulingen, Heimatblätter für das Sulinger Land, Unter der Bärenklaue, 1. Folge Nr. 1, 27.01.1950.

7. Riepshoff, Heinz (o. J.1998, 2. Auflage 2013): Speicher und Backhäuser in der Grafschaft Hoya, Interessengemeinschaft Bauernhaus e.V. (IGB), 28865 Lilienthal, Die Zierformen, S. 46-51.

8. Pfaffenberg, Kurt: Von alter Bauernart. In: 1851 – 1951, 100 Jahre Landwirtschaftlicher Verein Sulingen e. V.

9. Im Folgenden eine kleine Auswahl von Veröffentlichungen aus der ersten Hälfte des 20. Jahrhunderts, wovon die eine oder andere auch Kurt Pfaffenberg bekannt gewesen sein wird. Peßler, Wilhelm: Das altsächsische Bauernhaus in seiner geographischen Verbreitung (Diss.), 1905; von Zaborsky-Wahlstätten, Oskar: Urväter Erbe, 1936; Peßler, Wilhelm: Das Niedersächsische Bauernhaus, ein Denkmal germanischer Kultur, 1936; Kulke, Erich: Um das Erbe in der bäuerlichen Baukunst – Aus der Arbeit der „Mittelstelle Deutscher Bauernhof" in der Arbeitsgemeinschaft für Deutsche Volkskunde, 1939; Weigel, Karl Theodor: Beiträge zur Sinnbildforschung, 1943. In einem Wanderführer von 1938, herausgegeben vom Reichsverband für Deutsche Jugendherbergen mit dem Titel: Von Jugendherberge zu Jugendherberge durch Niedersachsen wurde ein Artikel von Dr. Wilhelm Peßler veröffentlicht: Das Niedersächsische Bauernhaus. Im letzten Absatz heißt es: Germanisches Wesen, das Baugefüge und Raumgestaltung des niedersächsischen Hauses beherrscht, tut sich auch in den altüberlieferten Heilszeichen kund, welche das Äußere und das Innere schmücken. Am bekanntesten sind die Giebelzierden, namentlich die gekreuzten Pferdeköpfe an der Firstspitze des Hauses. Über und neben dem Einfahrtstor sind Hakenkreuz, Sonne und Stern angebracht. Der Lebensbaum, noch jetzt alljährlich in weißem Sand erneuert, ziert die schwarze Herdwand hinter dem Flett. Auch der gesamte Hausrat in Holz und Metall, Ton und Stoff atmet in Herstellungsart und Verzierungswesen germanische Art. So ist das Niedersachsenhaus nach Wesen, Verbreitung und Ausstattung ein besonders wichtiges Denkmal germanischer Kultur.

10. Carl-Hans Hauptmeyer (emeritierter Geschichts-Professor an der Gottfried Wilhelm Leibniz Universität Hannover) bestreitet die Existenz eines Niedersachsenstammes grundsätzlich: Die Niedersachsen kann es insofern nicht geben, weil bereits die alten Sachsen in verschiedene Stammesgebiete zergliedert waren, mit unterschiedlichen Kulturkreisen (Quelle: Wikipedia – Niedersachsenlied). Wenn dem so ist, muss man sich fragen: Welche Volksseele offenbart sich in den Häusern? Die Intention im völkischen Denken und in der damit verbundenen Propaganda besteht darin, den reinen deutschen Menschen auf uralte Volksstämme zurückführen zu wollen, um sich von fremden, zugewanderten Menschen abgrenzen zu können.

11. Als Kurt Pfaffenberg 1951 den Artikel veröffentlichte, gab es bereits eine Fülle von volkskundlichen Büchern, in denen das Niederdeutsche Hallenhaus sehr präzise mit einem auch heute noch gültigem Vokabular beschrieben worden war. Dazu einige Beispiele: Das Bauernhaus im Deutschen Reiche und in seinen Grenzgebieten. Dresden 1905-06; Lindner 1912: Werner Lindner: Das niedersächsische Bauernhaus in Deutschland und Holland, Hannover 1912; Goehrtz 1935: Emil Goehrtz: Das Bauernhaus im Regierungsbezirk Hannover und seinen Nachbargebieten – Ein Beitrag zur Geschichte des deutschen Bauernhauses. Oldenburg 1935; Grohne 1941: Ernst Grohne: Das Bauernhaus im Bremer Gebiet. Bremen 1941.

12. Die Germanen sind ein Sammelbegriff von z. T. völlig verschiedenen Volksgruppen mit unterschiedlichen Bauformen und Traditionen. Darum gibt es auch keinen altgermanischen Hallenraum. Abgesehen davon haben sich die Grundrisse der Häuser auch in unserer Region über zwei Jahrtausende mehrmals geändert. Siehe dazu: Zimmermann, Haio: Pfosten, Ständer und Schwelle und der Übergang vom Pfosten- zum Ständerbau - Eine Studie zu Innovation und Beharrung im Hausbau, in: Probleme der Küstenforschung im südlichen Nordseegebiet, Band 25, Oldenburg 1998, S. 9-241 sowie Zimmermann, Haio: Kontinuität und Wandel im Hausbau südlich und östlich der Nordsee vom Neolithikum bis zum Mittelalter, in: The rural house from the migration period to the oldest still standing buildings, Ruralia IV, Bad Bederkesa 2001, S. 164-168.

13. Vermutlich kannte Kurt Pfaffenberg den weit verbreiteten Text von Justus Möser (Osnabrücker Jurist, Staatsmann, Literat und Historiker) aus dem Jahre 1768, in dem Möser nicht nur das Niederdeutsche Hallenhaus überschwänglich lobt, sondern sich gegen den Bau von Scheunen, Speichern und Ställen ausspricht. Es ist die idealisierte Darstellung eines Einhauses, in dem Wohnen, Viehhaltung und Futterlagerung unter einem Dach möglich erscheint.

PFAFFENBERG UND DIE LÄNDLICHE BAUKULTUR 133

„Haus Sudwalde" (1931).
Der Wirtschaftsgiebel dieses Bauernhauses präsentiert sich in einem sehr ursprünglichen Zustand:
Strohdach, Dielentore mit breiten Eichenbohlen und Düssel als Anschlag,
handgebackene Backsteine ersetzen die ursprüngliche Lehmausfachung.

Landschaft und Dorfbilder

Die Industrialisierung der Landwirtschaft hatte bereits um die Jahrhundertwende vom 19. zum 20. Jahrhundert begonnen – in den Bildern von Pfaffenberg kommt sie allerdings nicht vor. Er hielt fest, was aus seiner Sicht zu verschwinden drohte: Menschenleere, unendliche Landschaft; Bauernhöfe in Streusiedlungen, der nächste Nachbar zuweilen einen Kilometer entfernt; Dorfstraßen mit dichtgedrängten Bauernhäusern, in denen nicht nur Bauern, sondern auch Handwerker wohnten und arbeiteten; Hecken und Zäune sowie Brunnen und Viehtränken. Das Scheunenviertel in Siedenburg hatte Pfaffenberg in den 1930er Jahren noch gesehen. Trotz mehrerer Brände befand sich dieses zu seinen Zeiten noch in der Dorfmitte, erst in den 1960er Jahren wurde es aufgelöst und die Fläche neu bebaut, die Scheunen aber wurden am Dorfrand wieder neu errichtet.

Aus Landschaftsaufnahmen wie z. B. dem Burggraben in Siedenburg oder von Hofbäumen wie Eichen, Buchen und Linden wird das eigentliche Interesse Pfaffenbergs deutlich.

„Alte Hofeinfriedigung in Thiermann, Hof Thiermann" (1926).
Ein solcher Flechtzaun war schon zu Zeiten von Pfaffenberg sehr selten.

„Wall als Hofeinfriedung, Thiermann in Vorwohlde" (1926).
Hofplätze, Zufahrten und Wege, sowie Abgrenzungen zwischen den Fluren wurden häufig mit bepflanzten Wällen versehen.

DIE LÄNDLICHE BAUKULTUR | LANDSCHAFT UND DORFBILDER

„Melloher Steg" (1927).
Diese Landschaftsaufnahme wird sehr markant von dem alten Steg über die Sule geprägt.

138 LANDSCHAFT UND DORFBILDER | DIE LÄNDLICHE BAUKULTUR

„Hausscheunen bei Siedenburg" (1927).
In Siedenburg gab es ein großes Scheunenviertel, das in den 1960er Jahren neu bebaut wurde.
Einige der verdrängten Scheunen wurden versetzt und am Ortsrand wieder aufgebaut.

DIE LÄNDLICHE BAUKULTUR | LANDSCHAFT UND DORFBILDER

„Dorfstraße Barenburg" (1927).
Im Gegensatz zu Einzelhöfen in Streusiedlung, sehen wir mit der alten Dorfstraße in Bahrenburg die Häuser auf beiden Straßenseiten dichtgedrängt an der gepflasterten Straße stehen. Der Platz vor der „Grot Dör" reichte gerade zum Abstellen eines Ackerwagens.

„Dorfstraße in Kirchdorf" (1926).
Im Gegensatz zu Bahrenburg führt die ungepflasterte Dorfstraße in Kirchdorf, vorbei an einen Brunnen mit Wippe, zu einem größeren Hof mit mehreren Wirtschaftsgebäuden.

DIE LÄNDLICHE BAUKULTUR | LANDSCHAFT UND DORFBILDER 141

„Aue bei Barenburg mit Einbaum" (1927).
Die Bezeichnung „Einbaum" verrät das Interesse von Pfaffenberg an der Archäologie.
Einbäume, also ein Boot aus einem Baumstamm herausgearbeitet,
gibt es in der Menschheitsgeschichte seit vielen Tausend Jahren.

„Eiche auf dem Hofe Hustedt (Gemeinde Varrel)" (1929). Große solitäre Bäume, wie hier eine Eiche, entgingen nicht dem Blick von Kurt Pfaffenberg. Als Größenvergleich positionierte er eine Person (vielleicht den Hofbesitzer) unmittelbar davor.

„Buche auf dem Hofe Hustedt in Hustedt (Gemeinde Varrel)" (1929).

„Geschützte Linde in Ehrenburg" (1933). Auch bei dieser Linde handelt es sich um einen solitären mächtigen Baum. Ob der Begriff „geschützt" tatsächlich unter „Naturschutz" stehend meint, wissen wir nicht.

„Bottich aus Stein, Kl. Lessen" (1929).
Hierbei handelt es sich um eine Viehtränke, bestehend aus rechteckigen Sandsteinplatten, an den Ecken mit Falz. Eine Platte zeigt eine Inschrift: „H – Hausmarke – W – 1646".

DIE LÄNDLICHE BAUKULTUR | LANDSCHAFT UND DORFBILDER

„Blick vom Kirchturm, Sulingen" (1931).
Auch auf diesem Foto sehen wir eine Landschaft – allerdings eine Haus- oder Dachlandschaft.

Häuser von Bauern und Häuslingen

Die von Pfaffenberg fotografierten Bauernhäuser zeigen sich in einem weitestgehend bauzeitlichen Zustand und haben alle noch ein Strohdach. Auf einem Foto eines kleinen Bauernhauses sehen wir einen Strohdachdecker bei der Arbeit. Meist waren es Häuslinge, die sich mit der spezialisierten Arbeit des Strohdachdeckens ein zusätzliches Einkommen verdienten. Eine Frau (vielleicht die Ehefrau des Hausbesitzers) musste dem Dachdecker das Dachstroh anreichen.

In den Wirtschaftsgiebeln sehen wir noch die ursprünglichen Vorschauer mit Heckpforte und Düssel und in den Außenwänden der Kammerfächer Sprossenfenster aus dem 19. Jahrhundert. Auf einem Foto eines Häuslingshauses in Vorwohlde befinden sich neben dem Wohnhaus kleine Stallgebäude, die sicher nicht von qualifizierten Handwerkern, sondern vom Häusling selbst angefertigt worden waren.

DIE LÄNDLICHE BAUKULTUR | HÄUSER VON BAUERN UND HÄUSLINGEN

*„Ziehbrunnen in Nechtelsen ‚ Hof Lürs" (1926).
Die Hofstelle hat sich bis heute fast unverändert erhalten, selbst der Brunnen.
Heute nicht mehr vorhanden ist die Sodwippe.*

„Ziehbrunnen in Nechtelsen, Hof Bülter" (1926).
Der aus Sandstein gefertigte Brunnen befand sich hinter der quadratischen Verbretterung.
Hinter der mächtigen Sodwippe stand das Backhaus. Die Gebäude wurden 1973 abgebrochen.

DIE LÄNDLICHE BAUKULTUR | HÄUSER VON BAUERN UND HÄUSLINGEN

Nechtelsen Nr. 1, Hof Bülter. Dieses Aquarell (Orig. Familie Blau) zeigt die ganze Hofstelle und wurde vor dem Abbruch der Gebäude 1973 angefertigt. Das Bauernhaus wurde inschriftlich 1748 gebaut.

„Haus an der Dorfstraße in Kirchdorf" (1926).
Die genaue Ortsangabe fehlt. Offenbar hatte Pfaffenberg die Hofstelle im vorbeifahren fotografiert.
Das Bauernhaus ist eines der seltenen Vierständerhäuser in den früheren Grafschaften Hoya und Diepholz.

DIE LÄNDLICHE BAUKULTUR | HÄUSER VON BAUERN UND HÄUSLINGEN

„Strohdachhaus Hainhorst 1746, Hausbalken 1688, Große Tür 1690" (1926).
Das mit einem tiefen Vorschauer ausgestattete Bauernhaus hat laut Pfaffenberg drei verschiedene Baudaten.
Wir können annehmen, dass das Innengerüst des Hauses älter war, als die äußeren Wände.

152 HÄUSER VON BAUERN UND HÄUSLINGEN | DIE LÄNDLICHE BAUKULTUR

„Hof Harms, Ströhen Nr. 33" (1928).
Auf dem Foto sehen wir ein mächtiges Vierständerhaus mit angebautem jüngeren Schweinestall und rechts einen großen Viehstall.

Hof Harms, Ströhen Nr. 33. Gleicher Hof und gleiche Ansicht wie auf der linken Abbildung. Bis auf die Dachneigung des Viehstalls sieht noch fast alles so aus wie zu Zeiten von Pfaffenberg (Foto 2017 Heinz Riepshoff).

„Einfahrt mit Hecktür, Vorwohlde Nr. 4" (1928).
Für Bauernhäuser im Weserraum sind Vorschauer charakteristisch. In einer Tiefe von 2 – 3 m befindet sich das Einfahrtstor, die Flügel angeschlagen mit einem Düssel. Unmittelbar davor befinden sich die beiden halbhohen Heckpforten, die bei geöffnetem Torflügel den Zugang versperren.

DIE LÄNDLICHE BAUKULTUR | HÄUSER VON BAUERN UND HÄUSLINGEN

„Große verzierte Tür, Holzhausen" (1931).
Die Bauernhäuser im Südwesten unserer Landkreise haben häufig keinen Vorschauer, stattdessen sind die Torflügel direkt im Fachwerkgiebel, ebenfalls mit einem Düssel angeschlagen. An Inschriften finden wir neben einem langen biblischen Spruch die Namen des Bauern und seiner Frau, sowie die Brandkassen-Nummer 25 und zwei Blumentopfmotive.

„Haus, Schweringhausen" (1931).
Neben dem vollständig erhaltenen Bauernhaus mit Strohdach hat auch dieses Haus seine Torflügel direkt im Wirtschaftsgiebel angeschlagen, hier mit der im Südwesten häufig anzutreffenden Teilung – der rechte Flügel ungeteilt, der linke mit Drittelteilung. Vor der linken Traufwand befindet sich der Ziehbrunnen mit Wippe,

„Ziehbrunnen, Schweringhausen" (1932).
In der Nahaufnahme erkennen wir in dem Schweringhauser Ziehbrunnen einen
ungewöhnlich ursprünglichen Zustand. An der Sodwippe hängen umgedrehte Milchkannen,
gerade ausgespült, nur 2 – 3 m von der seitlichen Flettür entfernt. Das lässt vermuten,
dass sich in der im Haus liegenden Lucht der Waschplatz des Hauses befunden hat.

„Strohdachdecker, Nordsulingen" (1931). Das Strohdachdecken war in früheren Zeiten ein typischer Nebenerwerbsberuf von Häuslingen. Hier arbeitet der Dachdecker auf dem Dach, während die Hausfrau die „Schoben" (gebündeltes Dachstroh) mit der Forke anreicht.

DIE LÄNDLICHE BAUKULTUR | HÄUSER VON BAUERN UND HÄUSLINGEN

„Rückseite eines Bauernhauses, Kirchdorf" (1939).
Hinter den fünf Fenstern, alle ohne Rahmen und im Fachwerk angeschlagen, befindet sich die damit gut belichtete Stube des Hauses. Hinter dem einzelnen Fenster befindet sich die kleine Stube oder eine Kammer. Der Schüttboden über dem Kammerfach kommt noch ohne Fenster aus und wird durch Holzklappen belichtet und belüftet.

160 HÄUSER VON BAUERN UND HÄUSLINGEN | DIE LÄNDLICHE BAUKULTUR

„Bauernhaus, Bahrenborstel" (1939).
Der abgeplatzte Putz verrät uns, dass einige der Gefache noch mit Lehm ausgefacht sind.
Das Strohdach selbst wird noch mit gekreuzten Pferdeköpfen gekrönt, darunter befindet sich das „Uhlenloch".

DIE LÄNDLICHE BAUKULTUR | HÄUSER VON BAUERN UND HÄUSLINGEN

„Strohdachhaus in Vorwohlde" (1926).
Bei dem größten der abgebildeten Gebäude, handelt es sich wohl um ein kleines Häuslingshaus.
Die vielen kleinen Gebäude und Anbauten wurden wahrscheinlich von dem Häusling selbst erstellt.
Die Wände des kleinen Gebäudes im Vordergrund bestehen aus Grassoden mit einem einfach aufgelegten Strohdach.

„Strohdachhaus, Ströhen Nr. 31" (1928).
Dieses Häuslingshaus in Ströhen ist der Urtyp unserer Bauernhäuser. Das weit herunterreichende Strohdach mit eingeschnittenem Tor überdeckt nicht nur das Haus mit den seitlichen Kübbungen, sondern auch die beiden Vorderkübbungen zu beiden Seiten der Einfahrt.

DIE LÄNDLICHE BAUKULTUR | HÄUSER VON BAUERN UND HÄUSLINGEN

„Haus mit Giebelpfahl, Nechtelsen" (1931).
Auch in diesem kleinen ursprünglichen Haus wohnten Häuslinge.
Der Dachfirst wird aber nicht von Pferdeköpfen, sondern von Giebelpfählen bekrönt.

„Strohdachdecker" (1929).
Das Häuslingshaus soll sich in Vorwohlde befunden haben. Der Strohdachdecker arbeitet hoch oben, stehend auf den beiden Klieben (Dachstuhl mit Haken). Das alte Strohdach wurde nur so weit erneuert, wie man unbedingt musste. Die restlichen Dachflächen wurden nur übergestopft und geflickt.

DIE LÄNDLICHE BAUKULTUR | HÄUSER VON BAUERN UND HÄUSLINGEN 165

„Haus, Schweringhausen" (1931).
Das Foto macht den Eindruck eines Schnappschusses. Die Kinder aus dem Häuslingshaus schauen eher verwundert auf den Fotografen und mögen wohl denken: Wieso fotografiert der uns?

166 HÄUSER VON BAUERN UND HÄUSLINGEN | DIE LÄNDLICHE BAUKULTUR

„Haus an der Landstraße, Ströhen Nr. 53" (1928).
Auf diesem Foto ist die große Weite (oder Leere) der Landschaft zu erkennen.
Das nächste Gehöft liegt mehrere Hundert Meter von dem Häuslingshaus entfernt.

„Backofen, Nechtelsen" (1931).
Der freistehende Backofen, mit Grassoden abgedeckt und ohne Gebäude mit Backstube, gehörte einem Häusling in Nechtelsen. Dass ein Häusling überhaupt einen Backofen besaß, war die Ausnahme. In der Regel konnten sie am Backtag ihr Brot in dem Ofen des Bauern mitbacken.

Diele, Herd und Stube

Fotos von den Wohnverhältnissen in alten Bauernhäusern sind am Anfang des 20. Jahrhunderts noch eher selten, so auch bei Pfaffenberg. Darum ist der historische Wert, den wir den wenigen Fotos beimessen können, umso größer.
In den 1920er und 30er Jahren war der radikale Umbruch vom Rauchhaus mit dem ewig räuchernden Herd und dem die Stuben beheizenden Hinterladerofen hin zum Wohnhaus nach städtischem Vorbild mit Schornstein, Küchenherd und ersten Koksheizungen im vollen Gange. Hinzu kommen Abrissprämien für Alkoven und Wandbetten, die dann durch Schlafkammern mit frei stehenden Betten ersetzt wurden.
Pfaffenberg hat noch Wandbetten gesehen und Fünfplattenöfen fotografiert, die ihren Rauch auf der Rückseite in die Diele entließen und mit dem ältesten Bewohner von Varrel an dessen 97. Geburtstag gesprochen, der es sich auf seinem Lehnstuhl bequem gemacht hatte und sich am gusseisernen Ofen wärmte.
In Ströhen befand sich noch ein offener Bodenherd. Die Hausfrau steht auf dem Herd und kocht mit einem Kessel, der über den Kesselhaken mit einem Wendehal verbunden ist. Wahrscheinlich war das Foto eine gestellte Szene, denn neben dem Bodenherd befinden sich gleich zwei eiserne Sparherde - was auf einen gewissen Fortschritt auch in diesem Hause hindeutet.

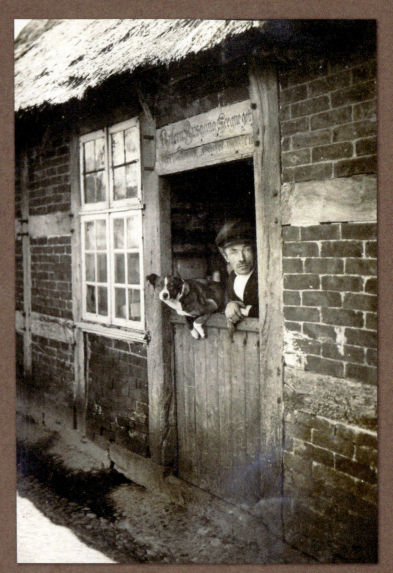

„Halbtür eines Bauernhauses, Vorwohlde" (1926).
Die Halbtür wird auch gerne als „Klöndör" bezeichnet. Sinnbild dafür ist auch dieses Foto: Der Bauer und sein Hund sind aufgelehnt auf dem unteren Türflügel und schauen nach außen.

„Diele, Bahrenborstel" (1939).
Bei diesem Bauernhaus ist die Diele bereits durch eine Scherwand von dem Flett getrennt. Mit der Scherwand kam auch der Schornstein in das Haus und die offene Herdstelle mit dem ewigen Rauch entfiel. Statt auf dem Flett wurden nun die Würste und Schinken auf der Diele geräuchert. Der Rauch dafür kam aus einem offenen Rauchrohr in der rechten Wand.

„Offene Feuerstelle, Ströhen" (1928). Fast ebenerdiger Bodenherd, Wendehal mit höhenverstellbarem Kochtopf, in dem die Bäuerin das Essen zubereitet und im Hintergrund der Bauer, der sich am Feuer wärmt. Wäre nicht der moderne Sparherd und ein weiterer Ofen links von der Bäuerin, würde man glauben können, die Fotografie sei bereits im 18. Jahrhundert erfunden worden.

DIE LÄNDLICHE BAUKULTUR | DIELE, HERD UND STUBE 171

„Alte Feuerstelle Hof Thiermann, Vorwohlde" (1931).
Im Gegensatz zu dem sehr geordneten Foto der „offenen Feuerstelle in Ströhen", erscheint der Herdplatz
auf dem Hof Thiermann wie aus dem richtigen Leben – ungeordnet, lebendig und in Funktion.

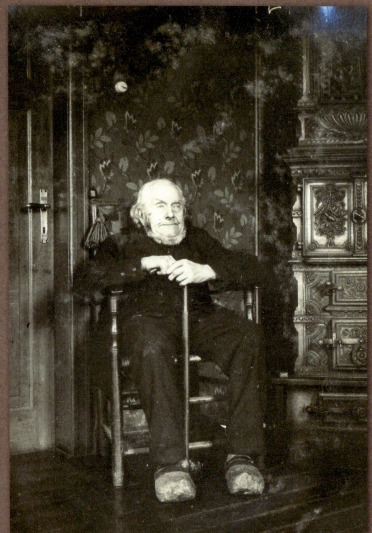

„Fünfplattenofen, Langenäse" (1928).
Fünfplattenöfen wurden als Hinterladeröfen benutzt. Das Brennmaterial wurde vom Flett aus in den Ofen gelegt, in das Flett mit der offenen Herdstelle entwich auch der Rauch aus dem Ofen. Dadurch war die Stube rauchfrei und konnte, wie hier in Langenäse, vom Maler mit Schablonenmalerei hübsch gestaltet werden. Der Altbauer wärmt sich am Ofen, liest Zeitung, und hat durch das kleine Fenster die Diele fest im Blick.

„Wilhelm Schröder in Varrel an seinem 97. Geburtstag" (1927).
Abgesehen von dem erstaunlichen Alter des Altbauern, der es sich mit Holzschuhen im Lehnstuhl gemütlich gemacht hat, sind auch die Wände dieser Stube besonders hochwertig dekoriert – es sieht nach einer mehrfarbigen Schablonenmalerei aus.

DIE LÄNDLICHE BAUKULTUR | DIELE, HERD UND STUBE

„Fünfplattenofen, Stehlen" (1931).
Die Seitenplatten des Fünfplattenofens zeigen das hannoversche springende Pferd, die Frontplatte das Wappen des Hauses Hannover mit der Jahreszahl 1766. Auch in dieser Stube sind die Wände mit Schablonenmalerei dekoriert.

„Untersatz für einen Fünfplattenofen, Sudwalde" (1931).
Die unterste Platte eines Fünfplattenofens ist eine horizontale Bodenplatte. Sie liegt mit der einen Schmalseite in der Wand auf, mit der anderen auf einer Konsole. Die Konsolen bestehen sehr häufig aus Sandstein und wurden aufwendig von Steinmetzen verziert, wie bei der hier gezeigten Konsole aus Sudwalde.

„Steinkasten für Holz- und Torfasche" (1928).
Der Kasten besteht aus zusammengesetzten Sandsteinplatten unbekannter Herkunft und scheint recht alt zu sein. Aufgesetzt wurde er auf ein vorhandenes Kieselpflaster, womit das Flett gepflastert wurde. Neben dem Steinkasten steht ein moderner Sparherd, der mit einem abgeknickten Abgasrohr seinen Rauch ins Flett leitet.

DIE LÄNDLICHE BAUKULTUR | DIELE, HERD UND STUBE 175

„Alkoven, Wohnhaus Vorwohlde" (1926).
Der Alkoven konnte, wie bei einem Schrank, mit zwei Türen geschlossen werden.
Dahinter befand sich das Bett für den Bauer und seine Frau. Vielleicht war es aber auch die
Altenteilerstube, die mit Standuhr, Kleiderschrank und Tisch recht vollständig möbliert erscheint.

Wirtschaftsgebäude

Unter Wirtschaftsgebäuden versteht man Gebäude, die für den Wirtschaftsbetrieb des Bauern neben dem Wohnhaus, also dem Niederdeutschen Hallenhaus, für unterschiedliche Zwecke gebraucht wurden.

Unter den von Pfaffenberg gemachten Fotos befinden sich gleich mehrere Fotos von Schafställen. Obwohl seit Ende des 19. Jahrhunderts die Schafzucht an Bedeutung verloren hatte, waren in den großen Moor- und Heideflächen um Sulingen und Diepholz herum noch Schafställe erhalten geblieben. Diese waren neben Feldscheunen der einzige Gebäudetyp, der oft sehr weit vom Hof entfernt stand. Ging es bei den Schafställen vor allem darum, den Schafen nachts Schutz zu bieten und durch abköddeln an hochwertigen Mist zu kommen, wurden in den Feldscheunen z. B. Ackergeräte untergebracht und Feldfrüchte zwischengelagert. Auf den Höfen selbst standen Speicher, Backhäuser, Scheunen, Viehställe und Bienenstände.

Unter den Speichern finden wir z. T. noch heute auf großen Höfen große, doppelstöckige Speicher. In ihnen wurde in früheren Zeiten das gedroschene Getreide gelagert. Nicht selten wurden sie um 1900 zu Wohnhäusern um- und ausgebaut.

Bleicherhütten dienten des Nachts als Schutz- und Schlafstätte für Dienstpersonal, dass darüber zu wachen hatte, dass keine Wäsche von der Bleiche entwendet wurde.

DIE LÄNDLICHE BAUKULTUR | WIRTSCHAFTSGEBÄUDE 177

„Strohdachhaus mit Bienenstand in Vorwohlde" (1926).
*B*ei dem Strohdachhaus scheint es sich um ein kleines Wohnhaus zu handeln. Daneben sehen wir einen einfachen Bienenstand, abgegrenzt mit einem volkstümlichen Fünfstangenzaun.

„Schafstall in Hainhorst" (1926).
Für Schafställe typisch sind die nach außen zu öffnenden zweiflügeligen Tore, die Tore selbst befinden sich in der Mitte der Giebelwand. In der seitlichen Traufwand befindet sich die Schäfertür.

DIE LÄNDLICHE BAUKULTUR | WIRTSCHAFTSGEBÄUDE 179

„Schafstall in Thiermann, Hof Thiermann" (1926).
Das hohe Alter dieses Schafstalls ist an seinem hohen Findlingssockel im Giebel zu erkennen.
Der hohe Sockel war notwendig, um das höher liegende Fachwerkgerüst
gegen den des Nachts angesammelten Schafsmist zu schützen.

„Schafstall im Kiefernwalde (bei Wehrbleck)" (1926).
Schafställe wurden sehr häufig weit weg vom Hof in der Heide errichtet, dort wo die Futterplätze der Schafe waren. Dieser Schafstall hat nicht nur einen extremhohen Findlingssockel, sondern ist auch extremhoch mit Mist gefüllt.

„Schafstall, Bahrenborstel" (1939).
Auch dieser Schafstall wurde weit weg vom Hof in der Kiefernheide errichtet.
Durch seine niedrigen Traufwände entspricht er annähernd einem „Nurdachhaus".

„Speicher in Kirchdorf" (1926).
Speicher wurden vorrangig zur Einlagerung und Trocknung des geschütteten Getreides genutzt.
Das traufseitige Fenster könnte darauf hinweisen, dass zeitweise auch in dem Gebäude gewohnt wurde.

DIE LÄNDLICHE BAUKULTUR | WIRTSCHAFTSGEBÄUDE 183

„Speicher, Ströhen - Hof Diepholz" (1928).
Der große doppelstöckige Speicher gehört heute zum Tierpark Ströhen
und wurde schon vor über 100 Jahren bewohnt.

„Speicher 1660, Schmalförden" (1931).
Auch dieser doppelstöckige Speicher wird schon seit über 100 Jahren bewohnt. Im Türriegel befindet sich folgende Inschrift: „AN GOTTES SEGEN IST ALLES GELEGEN – ANNO 1660 – MENSE MERI: LAMBERTI COSTER". Im Hintergrund sehen wir das Backhaus des Hofes.

„Speicher, Hof Lakemann – Affinghausen" (1928).
Der kurz nach 1600 errichtete Drempelspeicher steht bis heute
auf einer kleinen Insel, umgeben von einem Wassergraben
und nur über einen schmalen Steg zu errichen.

186 WIRTSCHAFTSGEBÄUDE | DIE LÄNDLICHE BAUKULTUR

„Speicher, Kuppendorf" (1931).
Bei dem Untergeschoss dieses Speichers hatte sich die ursprüngliche Lehmausfachung, bestehend aus dicht gestellten Staken mit Lehmbewurf erhalten.

„Tür zum Speicher, 1596 - Kuppendorf" (1931).
Mit dieser Datierung ist dieser Speicher aus Kuppendorf deutlich älter, als der mit Lehm ausgefachte.

DIE LÄNDLICHE BAUKULTUR | WIRTSCHAFTSGEBÄUDE 187

„Sudwalde Hof Helms, Scheune 1668" (1928).
Diese sehr alte Scheune existiert heute nicht mehr, ist aber mehrfach dokumentiert.
(Bemerkenswerte Bauernhäuser in den Grafschaften Hoya und Diepholz – Photographien 1943/44 von Dr. Ing. Fritz Böse, Kreismuseum Syke 2016, S. 160 und Gerhard Traber: Alte bäuerliche Nebengebäude in Nord-Niedersachsen, 1959, S. 67 und Tafel V).

Mühlen – vom Mahlstein zum Galerieholländer

Wind- und Wassermühlen erfreuen sich bis heute in der Bevölkerung einer großen Beliebtheit. Das liegt vermutlich daran, dass sie wie kaum ein anderer ländlicher Bautyp die seit Jahrhunderten fortschreitende Mechanisierung symbolisieren. Nur noch wenige dienen dem ursprünglichen Zweck: Getreide zu mahlen, Wasserläufe zu regulieren oder ein Sägewerk anzutreiben. Eng verbunden mit diesen Mühlen ist der Beruf des Müllers, der für die umliegenden Bauern das Getreide zu Mehl verarbeiten musste. Auf größeren Höfen gab es aber auch eigenständige Hofmühlen: Rossmühlen, von Pferden angetriebene Göpel, sowie Schrot- und Grützmühlen. Die kleinsten Mühlen sind aus Sandstein gefertigte Handmühlen, die wie eine Kaffeemühle, durch Handbetrieb kleine Mengen Getreide zu Mehl verarbeiteten. Die wohl älteste Methode Getreide zu mahlen besteht aus einem flachen, leicht gewölbten Mahlstein, auf dem ein runder Stein durch Bewegung die Getreidekörner zu Mehl zerreibt.

Aus der Vielzahl der von Pfaffenberg angefertigten Mühlenfotos ergibt sich eine fast lückenlose Mühlengeschichte der letzten Jahrhunderte. Selbst eine Bockwindmühle hat 1926 noch in Sulingen existiert. Im Mittelalter war es in Deutschland der Mühlentyp schlechthin. Erst in der Neuzeit verdrängte die leichter zu bedienende Holländermühle nach und nach die Bockwindmühle völlig.

DIE LÄNDLICHE BAUKULTUR | MÜHLEN

„Senfmühle, Kuppendorf" (1928).

„Getreidemühle" (1939).

„Letzte Bockmühle im Kreis Sulingen, Hof Lühning – Gutshof Sulingen" (1926).
Bockwindmühlen waren der älteste Mühlentyp,
mussten sie doch mit ihrem Steert per Hand in den Wind gedreht werden.

DIE LÄNDLICHE BAUKULTUR | MÜHLEN 191

„Heidmühle bei Sudwalde" (1928).
Der Korpus dieses sogenannten „Erdhölländers" war noch mit Stroh gedeckt und steht auf einem Wall. Auf dem Wall konnte der Mühlenkopf von Hand in den Wind gedreht werden.

„Mühle Hof Cordes, Sudwalde" (1928).
Bei dieser Windmühle handelt es sich um einen sogenannten „Turm- oder Galerieholländer". Eine Windrose sorgt für die Ausrichtung des Mühlenkopfes mit den Flügeln. Der Name „Holländer" verweist auf die Herkunft der Mühlentechnik.

„Mühlenteich in Sulingen" (1929).
Der Mühlenteich liegt nur von der Straße getrennt neben der Wassermühle, die zum Gutshof Lühning in Sulingen gehört.
Neben der Wassermühle ist das Gebäude mit der Brennerei zu sehen, aus dem der hohe Schornstein herausragt.

DIE LÄNDLICHE BAUKULTUR | MÜHLEN   193

„Mühle, Kirchdorf" (1931).
Die Wassermühle
in Kirchdorf hat ein
oberschlächtiges Wasserrad,
das Wasser kommt aus dem
höher liegenden Teich und
läuft von oben auf das Rad.
Das Mühlengebäude ist ein
Fachwerkbau mit hohem
massivem Unterbau.

194 MÜHLEN | DIE LÄNDLICHE BAUKULTUR

„Mühle in Schäkeln" (1928).
Diese Wassermühle hat wohl ein unterschlächtiges Wasserrad, jedenfalls liegt der Mühlenteich deutlich niedriger als das massive Mühlengebäude mit Wasserrad.

DIE LÄNDLICHE BAUKULTUR | MÜHLEN 195

„Alte Schrot- und Grützmühle in Bahrenborstel" (1928).
Die Flügel dieser Mühle, die das im Gebäude befindliche Getriebe in Gang setzten, waren bereits abgebrochen.
Eine solche Mühle gehörte zu einem Hof und wurde nicht von einem gewerbsmäßigen Müller betrieben.

196 MÜHLEN | DIE LÄNDLICHE BAUKULTUR

„Rossmühle in Ströhen, Bes. Gerke" (1926).
Bei diesem Gebäude handelt es sich nicht um eine Mühle, sondern um einen Göpel.
In dem Göpel liefen Pferde im Kreis und trieben über eine lange Getriebestange eine Maschine
in der nebenliegenden Scheune an. Bei der Maschine kann es sich um eine Dreschmaschine gehandelt haben.

DIE LÄNDLICHE BAUKULTUR | MÜHLEN   197

"Alte Rossmühle in Renzel Nr.2, Bes. Renzelmann" (1926).
Wie bei der Grützmühle in Bahrenborstel ist auch diese Rossmühle eine Hofmühle. Das Pferd lief angebunden an dem langen Hebel um das Gebäude herum und trieb damit im Gebäude die Mühle an.

"Getriebe einer alten Rossmühle in Hustedt (Gemeinde Varrel)" (1926).
Bei diesem Gebäude liefen die Pferde innerhalb des Gebäudes. Was angetrieben wurde, wissen wir allerdings nicht.

„Treibhaus, Brake" (1928).
Es ist das Treibhaus für einen Göpel. Diese Technik war weit verbreitet, aber Göpelhäuser sind heute sehr selten geworden und in keinem hat sich die Technik erhalten.

DIE LÄNDLICHE BAUKULTUR | MÜHLEN 199

„Göpel und Ziehbrunnen, Brake" (1928).
Im Hintergrund ist der Ziehbrunnen mit Wippe zu sehen.
Davor ist der Göpelplatz mit Göpel. Ein Gebäude für den Göpel gibt es hier nicht.

Kirchen und andere Bauten

Die großen Bauernhöfe liegen in der Regel weit verstreut in so genannten Streusiedlungen. In geschlossenen Ortschaften wie Scholen, Neuenkirchen, Schwaförden, Barenburg und vor allem Sulingen befinden sich die Kirchen. Einige der Kirchen sind sehr alt und können noch der Romanik oder Gotik zugeschrieben werden, z. T. mit mittelalterlichen Ausmalungen. In der Schwaförder Kirche befindet sich eine Darstellung mit dem Teufel und der Butterhexe. Offenbar war auch Pfaffenberg 1926 davon fasziniert. Neben Kirchen hat er aber auch die alten Amtsgebäude festgehalten oder die alte Apotheke und die Superintendentur in Sulingen.

Ein besonders seltenes Foto ist die Ziegelei von Wilhelm Köhne in Bahrenborstel. Im Gegensatz zu moderneren Ziegeleien mit Ringöfen, wurde diese mit zwei Kammern betrieben. Eine Technik, die schon 1926 eigentlich als veraltet galt.

DIE LÄNDLICHE BAUKULTUR | KIRCHEN UND ANDERE BAUTEN 201

„Altar der Kirche in Neuenkirchen" (1926).
Der barocke Altaraufsatz stammt wohl aus dem 18. Jahrhundert.

202 KIRCHEN UND ANDERE BAUTEN | DIE LÄNDLICHE BAUKULTUR

„Kirche mit Kirchlinde in Scholen" (1926).
Die Scholener Kirche besteht aus drei Gewölbejochen, das mittlere mit Turm ist aus der zweiten Hälfte des 15. Jahrhunderts. Berühmt ist die Kirche für seine Wandmalereien im Innern. Dargestellt sind u. a. der Himmel und die Hölle. Für Pfaffenberg war neben der Kirche auch die im Vordergrund stehende Linde erwähnenswert.

DIE LÄNDLICHE BAUKULTUR | KIRCHEN UND ANDERE BAUTEN   203

„Kirche in Schwaförden" (1926).
Gotische Kirche - Turm mit romanischem Rundbogen um 1200. Auch in dieser Kirche finden sich berühmte Wandmalereien, u. a. die Darstellung der Butterhexe, die vom Teufel geholt wird.

204 KIRCHEN UND ANDERE BAUTEN | DIE LÄNDLICHE BAUKULTUR

„Kirche in Sulingen" (1935).
Die gotische Backstein-Kirche wurde 1878 von C. W. Hase neugotisch umgestaltet.

DIE LÄNDLICHE BAUKULTUR | KIRCHEN UND ANDERE BAUTEN 205

„Kirche in Barenburg" (1927).
Die Kirche ist z. T. noch aus dem 12. Jahrhundert,
innen mit reichhaltigen Wandmalereien.
Der Kirchturm ist deutlich jünger.

„Handziegelei, Bahrenborstel" (1939).
Die Ziegelei wurde 1897 von Wilhelm Köhne übernommen. Das heute noch stehende Gebäude besteht genau genommen aus zwei getrennten Öfen, jeweils mit einem mächtigen Schornstein. 1965 wurde der Betrieb eingestellt.

„Badeanstalt, Kirchdorf" (1931).
Diese frühen Badeanstalten waren, wie hier in Kirchdorf, einfache Naturbäder.

208 KIRCHEN UND ANDERE BAUTEN | DIE LÄNDLICHE BAUKULTUR

„Apotheke, Sulingen" (1931).
Das Zusammentreffen der „alten" und der „neuen" Zeit:
Aus einem Niederdeutschen Hallenhaus von 1737 wurde eine Apotheke.

„Superintendentur" (1935).
Nach dem großen Brand in Sulingen wurde die Superintendentur als erstes Gebäude 1721 wieder aufgebaut.

„Altes Amtsgericht in Ehrenburg" (1931).
Das Amtsgebäude war zunächst Wohnung des zweiten Beamten des Amtes Ehrenburg, danach, bis 1859 Amtsgericht. Heute nicht mehr vorhanden.

„Altes Gefängnis in Ehrenburg" (1931).
Zu dem Amtsgericht gehörte auch ein Gefängnis, es steht heute noch.

Ralf Vogeding

Kurt Pfaffenberg – Der Volkskundler

Im Gegensatz zu seinem Hauptarbeitsgebiet, man mag sicher sogar sagen zu seiner Leidenschaft, dem Einordnen, Datieren und Erhalten von Naturlandschaftsformen, insbesondere dem Moor, war die Volks- und Heimatkunde für ihn von sekundärer Bedeutung. Am ehesten noch näherte sich daran die Vorgeschichte mit ihren Funden, die er teilweise sogar naturwissenschaftlich zu datieren vermochte. Dennoch durchstreifte er, spätestens seit Mitte der 1920er Jahre auch mit der Fotokamera seine neue Sulinger Heimat (seit 1909) auf der Suche nach überkommenen Hausformen, Hausrat, hauswirtschaftlichen Arbeiten, auch Wohnweisen und Handwerken. Zu der Zeit wurde das Fotografieren durch die neuen Kleinbildkameras auch breiten Bevölkerungskreisen möglich. Die großen Plattenkameras vor dem 1. Weltkrieg befanden sich fast ausschließlich in der Hand professioneller Fotografen. Die Beschriftungen dieser Aufnahmen, die zumeist aus den späten 1920er Jahren und frühen 1930er Jahren stammen, hielt er nur sehr knapp.[1] Im Gegensatz zur Natur- und Landschaftskunde legte er seine Beobachtungen lediglich zwei Jahrzehnte später in wenigen Aufsätzen, vor allem 1951 in dem Aufsatz *Von alter Bauernart*, und in einem Manuskript gleichen Titels vor.[2]

Die Angaben darin aber sind so präzise, dass er sich handschriftliche Notizen gemacht haben wird, die heute allerdings leider nicht mehr vorhanden sind. Seine Ausführungen und

Alter Sessel, wahrscheinlich um 1900 (1931).

Altes Salzfass in Vorwohlde, wahrscheinlich um 1700 (1931).

Feuerkiste zum Wärmen der Füße, z. B. beim Spinnen (1931).

Einschätzungen fußen auf der bereits zu Anfang des 20. Jahrhunderts entstandenen Heimatbewegung und letztendlich auch auf völkischem Gedankengut, wie auch Heinz Riepshoff in diesem Band dargelegt hat (s. S. 130-131). Leider finden sich in allen zur Verfügung stehenden biografischen Unterlagen keinerlei Hinweise darauf, welche Schriften der damaligen Volks- und Heimatkundler er kannte oder gar besaß, welche federführenden Personen er selbst kannte, an welchen Tagungen und Zusammenkünften er teilgenommen hat. Sicher ist jedoch, dass ihm etliche Schriften bekannt gewesen sein müssen. Neben dem Hang der Vorkriegszeit, viele Volksäußerungen im Brauchtum oder in Artefakten in einer germanisch-vorchristlichen Zeit festmachen zu wollen, stehen aber hinter seinen Aussagen genaue Beschreibung alltagskultureller Objektivationen und Befragungen handelnder Personen, auch wenn diese aus heutiger Sicht unvollständig sind und manches auslassen.

Die von ihm nicht systematisch, aber dort, wo er bei Bekannten oder auf Erkundungen seiner Umgebung, die genauen Umstände sind nicht festgehalten, noch verzierte Möbel und andere Dinge antraf, hat er sie fotografiert und sie als Volkskunst sowie als Ausdruck der Volksseele gedeutet. Heute wissen wir durch neuere Forschungen, dass die Verzierungen ihren Ursprung in Stilelementen der Hochkunst früherer Zeiten hatten. Mit Bedauern registrierte er einerseits, dass vieles an altem Hausrat aus den Häusern verschwunden ist und weiter verschwindet, andererseits hatte er aber auch einen Blick dafür, dass manches, z. B. die von ihm ebenfalls noch fotografierten Wandbetten, wegen *mangelnder Durchlüftung* der Gesundheit der Hausbewohner abträglich gewesen sind. *Dadurch schlich sich manche heftige Krankheit ein.*[3]

Seine Abhandlung sollte mit dazu beitragen, dass der bäuerliche Hausrat in den Häusern verblieb und nicht gesammelt wurde. *Viele prächtige Stücke sind in die Privathäuser gewandert. Immer wieder liest man in den Zeitungen Kaufgesuche nach solchen Altertümern. Es ist zu wünschen, dass auch der Bauer selbst Freude an solchem wertvollen, alten Kulturgut hat und in Ehren hält, was die Vorfahren ihren Enkeln hinterlassen haben.* Durch

Bienenstand auf dem Hof Hainhorst (1926).

diese Aussagen wird auch mit erklärlich, warum Pfaffenberg im Gegensatz zu anderen Heimatforschern im niedersächsischen Raum und in seiner näheren Umgebung nie angefangen hat, diese sogenannten Altertümer privat oder für ein von ihm selbst oder anderen neu gegründetes Heimatmuseum zu sammeln. Im Bereich des heutigen Landkreises Diepholz hätte er z. B. mit seinen beiden Lehrerkollegen Fritz Lohmeyer im Diepholzer Raum und Bernhard Dierking in Syke ihm wahrscheinlich bekannte Vorbilder dafür gehabt.[4]

Vergleicht man seine in diesem Artikel wie im Manuskript und in den Beschriftungen der zahlreichen Fotos dargelegten Beschreibungen, insbesondere der haus- und handwerklichen Tätigkeiten zum Beispiel mit denen seines Zeitgenossen Hans Peters in Brinkum, so fällt vieles auf. Peters wie auch W. Bomann in Celle mit seinem berühmt gewordenen Buch „Bäuerliches Hauswesen und Tagewerk im alten Niedersachsen", dessen erste Auflagen bereits um 1930 erschienen und zahlreiche Leser fanden, gingen wesentlich stärker auf die Art und Form wie die Handhabung der unterschiedlichen Gerätschaften ein als Pfaffenberg dies tat, belegt nicht mit Fotos, aber mit genauen Zeichnungen.[5] Ihre Befragungen der Gewährspersonen waren intensiver, sowohl was Zweck und Handhabung der Geräte, als auch was die Arbeitsabläufe betraf. Das Studium alter Akten, wie es Fritz Lohmeyer in den 1920er und 1930er Jahren für seine zahlreichen Beiträge in den Diepholzer Heimatblättern unternahm, war ihm fremd.[6]

Mitarbeiter der Sulinger Seilerei Liebtrau, (1932).

Vergleicht man beispielsweise allein die Länge der Ausführungen zum Holzschuhmacher bei Peters und Pfaffenberg, so werden Unterschiede deutlich. Widmet Pfaffenberg ihm gerade einmal einen Absatz, so sind es bei Peters drei inhaltsvolle Seiten.

Was Kurt Pfaffenberg in seiner bei ihm nur eine Nebentätigkeit darstellenden regional gebundenen volkskundlichen Forschung und Dokumentation fast ein Alleinstellungsmerkmal in den 1920er und 1930er Jahren verleiht, das sind die sorgfältig archivierten Fotografien, die er offensichtlich auch als Dias für Vorträge nutzte. Sie zeigen nicht nur ausgewählte Dinge, sondern zumeist auch den Raum darum, nicht nur Arbeitsgeräte, sondern auch die Menschen, die sie bedienten. Wir haben in ihnen einen Ausschnitt einer, von heute aus gesehen, historischen Wirklichkeit vor uns.

Dennoch gelingt es ihm manchmal durch genaue Beobachtungen in wenigen Sätzen eine schon damals im Verschwinden begriffene Tätigkeit wie das Flechten eines Bienenkorbes zu beschreiben, auch wenn er diese aus unbekannten Gründen nicht in Fotos festgehalten hat. *Die dazu notwendigen Bienenkörbe fertigte der Bauer selbst an. Ein langes, gewundenes Strohseil wurde übereinander gelegt und mit gespaltenen Weideruten verbunden.*[7]

Fotografiert hat er dagegen einen Bienenzaun „Immentun" mit den Strohkörben, den er früher, sicher weit übertrieben, jedem Bauernhof zuordnete.

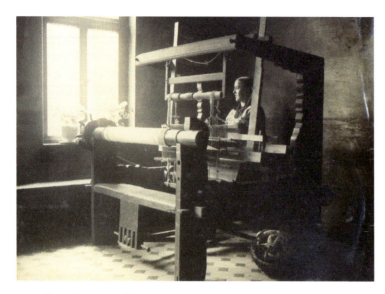
Frau Ahrenshop am Webstuhl, in Vorwohlde (1929).

In der Imkerei erkennt er nicht nur deren materielle Bedeutung für die Imker, sondern weist fachkundig ausführlich, so wie auch an anderen Stellen, wo immer dies möglich ist, auf seine eigen*tliche Profession, die Naturkunde und den Naturschutz hin: Von unschätzbarem Wert sind die Bienen auch für die Befruchtung der Blüten. Beim Honigsammeln übertragen sie den Blütenstaub auf die Blütennarben und fördern damit den Fruchtansatz. Wenn die Obstbäume blühen, ist sonniges Wetter zu wünschen. An regnerischen Tagen sammeln die Bienen keinen Honig und auch der Fruchtansatz unterbleibt. Dann gibt es ein schlechtes Honigjahr und eine schlechte Obsternte.*[8] Sogar die verschiedenen von ihm in einer Fotodokumentation festgehaltenen Arbeitsgänge der Bearbeitung des Flachses bis zum Weben werden nur kurz benannt, ohne deren Hintergründe näher zu erläutern. Intensiver widmet er sich der Spinnstube, für ihn ein verlorenes Stück alten Brauchtums: *Die Spinnstube war eine beliebte Zusammenkunft. Im Dorfe gab es drei „Spinnköppel": die Hausfrauen, die erwachsenen Mädchen und die Schulmädchen. Die Spinnstube war eine getreue Pflegestätte für altes Brauchtum und eine Quelle alter Volkslieder, oft wurde auch, wenn genügend Raum vorhanden war, nach getaner Arbeit vergnüglich „Holschenball" gefeiert.*[9] Diese idealisierte Darstellung verschweigt, dass es Arbeit war, die nach den eigentlichen vielfältigen Aufgaben in Haus und Hof getan werden musste. Zudem hatten die Spinnstuben einen sachlichen Grund fernab aller romantischen Klischees. Je mehr Personen sich in einer Stube trafen, desto weniger Stuben mussten mit dem viel Holz oder Torf verschlingenden Hinterladerofen beheizt werden.

Das rechts abgebildete Foto zeigt einen Heischebrauch zu Silvester in Vorwohlde. Dieses und ein ganz ähnliches sind die einzigen Abbildungen Pfaffenbergs von brauchtümlichen Handlungen. Heischebräuche zu unterschiedlichen Tagen, zu Silvester, Neujahr, zu St. Martin oder zu Nikolaus waren und sind weit verbreitet. Kinder gehen von Haus zu Haus, singen oder sagen einen Spruch auf und erhalten dafür Süßigkeiten in ihren aufgehaltenen Beutel.

Hier zu sehen sind Vorwohlder Kinder, die am Silvesternachmittag von Haus zu Haus, von Hof zu Hof zogen. Edith Cording hat in ihrer Jahresarbeit über Nordwohlde den plattdeutschen Spruch festgehalten *Ick bin bo'n lütschen König, geft mi nicht tou wenig, lodt mi nicht to lange stohn, ick mod noch wietergohn. Bremen ist 'ne grode Stadt, dar geft mi alle Lühe wat. Halli, halli, hallo, nun geiht na Bremen tou.*[10]

Der Autor erinnert sich aus den 1960er Jahren an einen ähnlichen Spruch, der von den Kindern in einem Ort des Kirchspiels Bramsche im Osnabrücker Land an der Haustür, nicht an Silvester, sondern im November zu St. Martin aufgesagt wurde, auch hier führte der Weg nach Bremen. Pfaffenberg selbst macht zu seinem Bild keine weiteren Angaben außer *Klausen an Silvester.* Dies ist typisch für fast alle seine Beschriftungen. Aber zumindest wissen wir dadurch, wann und wo, teilweise auch bei wem die Fotos gemacht wurden. Diese sind sein eigentlicher Beitrag zur niedersächsischen Volkskunde.

Heischebrauch zu Silvester, in Vorwohlde (1926).

Anmerkungen

1. Die Aufnahmen befinden sich in zwei Fotoalben und als Dias in mehreren Diakästen im Stadtarchiv Sulingen.
2. Pfaffenberg, Kurt: Von alter Bauernart. In: 100 Jahre Landwirtschaftlicher Verein Sulingen, S. 1-11 und davon abweichendes inhaltlich umfassenderes Manuskript gleichen Titels. Bezug genommen wird hier auf das Manuskript im Nachlass Pfaffenberg im Stadtarchiv Sulingen. Ob und ggf. wo es in dieser Form veröffentlicht wurde, ist leider nicht bekannt.
3. Manuskript „Von alter Bauart" wie Anm. 2.
4. zu Dierking siehe Vogeding, Ralf: 75 Jahre Kreismuseum Syke 1938-2013, Syke 2013, S. 17-18, zu Fritz Lohmeyer u.a. Nachlass Lohmeyer im Stadtarchiv Diepholz und Horst Meyer: „Weltenbummler in Sachen Bildung, Fritz Lohmeyer, ein Lehrer aus Leidenschaft. In: Quernheim 1189-2014, Heimatverein Quernheim 2014, S. 164/165.
5. Wilhelm Bomann: Bäuerliches Tagewerk im alten Niedersachsen, zahlreiche Auflagen und Hans Peters: Altes Handwerk und Bäuerliches Brauchtum aus dem Kreise Grafschaft Hoya, Brinkum 1962.
6. Nachlass Lohmeyer im Stadtarchiv Diepholz.
7. Manuskript „Von alter Bauernart" wie Anm. 2.
8. wie Anm. 7.
9. wie Anm. 7. Leider gibt Pfaffenberg nicht an, auf welches Dorf, welche Dörfer und welche Quellen er sich bei dieser Aussage bezieht.
10. Jahresarbeit über das Dorf Vorwohlde von Edith Cording, 1967/68, Handschrift, Privatbesitz.

Mobiliar und Hausrat

Kurt Pfaffenberg hat in seiner Umgebung in den 1920er und frühen 1930er Jahren noch Häuser kennen gelernt, die mit dem Flett und der offenen Herdstelle, auch wenn diese nicht mehr genutzt wurde, noch wesentliche Merkmale früheren Wohnens und Wirtschaftens in den Bauernhäusern aufwiesen. So gelang es ihm, davon Fotos zu machen, die 20 Jahre später kaum noch möglich gewesen wären.

Ihn interessierten die Herdstelle auf dem Flett, alte Plattenöfen, Wandbetten, frühe, zum Teil reich verzierte Möbelstücke. Diese konnte er zum Teil noch an Ort und Stelle fotografieren. Dabei gelangen ihm einige Eindrücke von Flett und Stube in einer Mischung von damals bereits lange nicht mehr zeitgemäßem Mobiliar, bürgerlicher Wohnkultur mit Wandschmuck, Gardinen und technischen Innovationen wie dem Sparherd. Einige alte Stücke wie Mörser, Handtuchhalter, Zucker- und Milchtopf, Ofengußstein oder Salzfass waren wahrscheinlich nicht mehr im Gebrauch, fielen Pfaffenberg wegen ihrer ursprünglichen Art oder wegen ihrer besonderen Form und Zier auf.

Bei all diesen Fotos sind wir weit weg von einer Gesamtdokumentation, es sind wohl mehr „Zufallsfunde", die ihm da vor die Linse kamen.

Die Richtebank wurde gegen 1800 langsam durch einen geschlossenen Schrank mit Glastüren ersetzt. Diesen Schrank von 1854 fotografierte Pfaffenberg ebenfalls 1928 in Ströhen auf dem Hof Bücken-Thielemeyer. Er ist auch ein Beleg dafür, dass die ausgiebigen barocken Verzierungen der Mitte des 18. Jahrhunderts im 19. Jahrhundert verschwanden. Sie kamen erst wieder mit dem historisierenden Möbelstil ab den 1870er Jahren auf.

MOBILIAR UND HAUSRAT | VOLKSKUNDE

Bis weit in das 19. Jahrhundert hinein finden sich in Bauern- wie Häuslingshäusern in der Kammer und in der beheizbaren Stube im sogenannten Kammerfach durch Türen verschließbare Wandbetten, hier Butze genannt. Pfaffenberg konnte 1926 in der Kammer oder Stube eines Bauernhauses in Vorwohlde ein solches Wandbett fotografieren. Möglicherweise wurde es sogar noch von dem Großelternpaar benutzt. Das teilt uns Pfaffenberg leider nicht mit. Der darüber angebrachte Wandschmuck ist mit gesticktem Bild, Reservistenbild und gerahmten Brautschmuck typisch für die Zeit um 1900. Auch eine Wanduhr, hier aus der 1. Hälfte des 19. Jahrhunderts mit rautenförmiger Zier war um diese Zeit Standard. Der nur teilweise sichtbare Kleiderschrank dürfte Ende des 19. Jahrhunderts gefertigt worden sein.

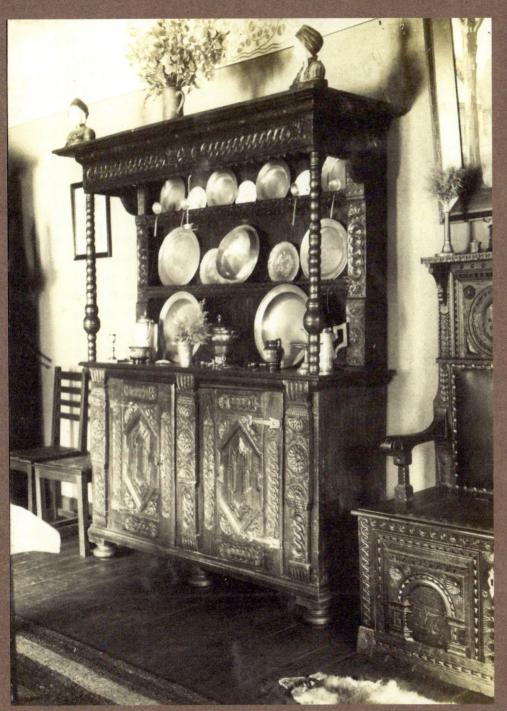

Unverzichtbar auf dem Flett war die offene Anrichte, hier zumeist Richtebank genannt. Dieses mit gedrehten Säulen, Rosetten, Schuppenbändern u.a. sowie Verkröpfungen an den beiden unteren Türen und gedrückten Kugelfüßen reich verzierte Exemplar fotografierte Pfaffenberg 1928 auf dem Hof Lakemann in Affinghausen.

Auffallend ist das Zinngeschirr. Es kündet wie das gesamte Möbel vom Wohlstand seiner Besitzer im 18. und 19. Jahrhundert. Später wurde es vom Gebrauchsgegenstand zur reinen Zierde.

Dieses Möbel steht hier wie die nur teilweise zu erkennende Sitzbank mit ledergepolsterter Rückenlehne entweder in der Stube oder auf dem nach Aufgabe der offenen Herdstelle zum großen Wohnraum umgewandelten Flett. Für die Sitzbank wurden Teile der Kufentruhen des 18. Jahrhunderts als Schmuckelemente verwendet. Hierfür gibt es mehrere Beispiele.

Die entsprechenden Sargdeckel- oder Flachdeckeltruhen waren spätestens mit dem historisierenden Möbelstil gegen Ende des 19. Jahrhunderts aus der Mode gekommen.

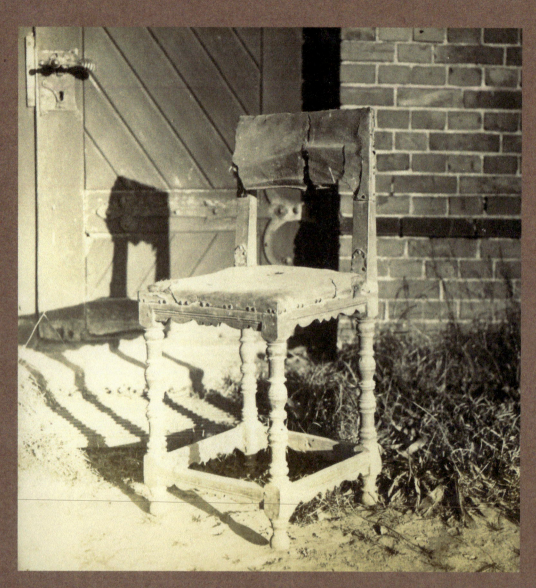

Gedrechselter und gepolsterter Stuhl aus dem 19. Jahrhundert aus der Kirche in Mellinghausen (1931).

VOLKSKUNDE | MOBILIAR UND HAUSRAT 223

Milchkännchen und Zuckertopf aus Keramik mit dick aufgelegtem Dekor stammen aus der Mitte des 19. Jahrhunderts. Möglicherweise handelt es sich um Majolika. Das Foto von Pfaffenberg entstand 1931 in Mellinghausen.

Zwei gusseiserne Mörser mit Stößel, einer davon verziert mit der Jahreszahl 1658, der andere dürfte etwas jünger sein. Gegossene Mörser waren zu der Zeit nicht billig zu haben und stellten auf den Höfen etwas Besonderes dar.
Mehr, als dass beide Mörser von 1658 aus Mellinghausen stammen, hat Pfaffenberg in seiner Beschriftung leider nicht verraten.

VOLKSKUNDE | MOBILIAR UND HAUSRAT 225

Zwei wie die Spinnräder gedrechselte Handtuchhalter aus der Zeit um 1850,
beide vom Hof Thiermann in Vorwohlde (1931).

Kinderwiege mit geschwungenen Front- und Seitenbrettern, ca. 18. Jahrhundert, aus Vorwohlde (1931).

VOLKSKUNDE | MOBILIAR UND HAUSRAT 227

Kinderwiege in etwas schlichterer Form aus dem frühen 19. Jahrhundert, in Maasen (1931).

Flachsverarbeitung

Es ist davon auszugehen, dass um 1930, zur Zeit der folgenden Aufnahmen kaum noch Flachs angebaut, verarbeitet und zu Leinen verwebt wurde. Das Spinnen und Weben zur häuslichen Textilherstellung, vor allem für die Aussteuer der Mädchen, war weitgehend mit dem 1. Weltkrieg zu Ende gegangen. Wahrscheinlich haben die auf den Fotos agierenden jungen Damen die Flachsverarbeitung noch erlernt.

Pfaffenberg nutzte die Gelegenheit zur Dokumentation der Arbeitsgänge, wahrscheinlich in dem Bewusstsein, bereits schon wenige Jahre später vielleicht keine Gelegenheit mehr dazu zu haben. Offen aber bleibt dann, wieso er unverzichtbare Arbeitsgänge, das Riffeln mit dem Riffelkamm zum Abschlagen der Samenkapseln, aus denen Leinöl gewonnen wurde, das Rotten in der Rottkuhle oder auf der feuchten Wiese, damit die Stengel morsch wurden, das Weichklopfen (Boken) mit der Treite, das anschließende Dörren im Ofen, aber auch nach dem Spinnen das Aufhaspeln der Fäden und das abschließende Einrichten des Webstuhls ausgelassen hat. Das waren zumeist Männerarbeiten, vielleicht hatten sie weder Zeit noch Lust, sich dem Fotografen Pfaffenberg für seine Dokumentation zu stellen. Dennoch ist eine für die damalige Zeit beeindruckende dokumentarische Fotoserie entstanden. Er hatte wohl nie vor sie zu veröffentlichen, denn es fehlen bis auf kurze Angaben zu Ort und Zeit weiterführende Beschreibungen. Diese folgen hier, soweit dies im Abstand von über 80 Jahren ohne Kenntnis der genauen Umstände und Zusammenhänge noch möglich ist.

Ausziehen oder Rupfen des im beginnenden Frühjahr ausgesäten Flachses, im Sommer.
Die gesamte Fotoserie zu Flachs und Wolle machte Pfaffenberg 1929.

230 FLACHSVERARBEITUNG | VOLKSKUNDE

Flachsbrechen mit der Breche. Dieser Arbeitsgang dient dazu, die holzigen Stengelteile von der Flachsfaser zu trennen.

VOLKSKUNDE | FLACHSVERARBEITUNG 231

Drei Frauen an der Flachsbrechmaschine. Zwischen mehreren mit dünnen Eisenstäben besetzten Walzen werden durch die Drehbewegung der Handkurbel die Stengel geknickt.
Seit Mitte des 19. Jahrhunderts wurde dabei mit weit weniger Zeit- und Kraftaufwand das gleiche Resultat wie mit den Handbrechen erzielt.

Durch das nach dem Brechen erfolgte Schwingen, hier mit der Schwingmaschine, werden die letzten Stengelreste entfernt.
Vor der Schwingmaschine und noch gleichzeitig neben ihr wurden ein hölzerner Schwingbock und ein hölzernes Schwingmesser verwendet.

VOLKSKUNDE | FLACHSVERARBEITUNG 233

Nach dem Schwingen folgte das Hecheln mit Grob- und Feinhecheln, das sind in einem Hechelbock eingesetzte, mit langen Eisenstiften besetzte Bretter, um die groben Fasern auszukämmen.
Mit diesen wurden später Säcke und anderes grobes Leinenzeug gewebt. Nach dem Hecheln folgte das Spinnen der nun fertig vorbereiteten Fasern.

Hier ist nach dem Originaltitel von Kurt Pfaffenberg das *„Krassen von Flachs"* zu sehen. Aber nicht nur Flachs, sondern auch Wolle konnte versponnen und danach zu Strümpfen und anderen Textilien gestrickt werden. Dafür musste zuerst mit solchen Kratzern der Dreck entfernt werden.

VOLKSKUNDE | FLACHSVERARBEITUNG 235

Dieses Foto Pfaffenbergs zeigt Frau Korte aus Vorwohlde an ihrem mit zwei Spulen ausgestatteten Bockspinnrad. Der mit einem verzierten Wockenband umwickelte, aus Flachsfasern gebildete Wocken ist gut zu erkennen.
Das Spinnen mit zwei Spulen verlangte besondere Geschicklichkeit.

236　FLACHSVERARBEITUNG | VOLKSKUNDE

Um die gewonnenen Leinenfasern weben zu können, mussten sie gehaspelt und dann mittels einer Garnwinde mit dem Spulrad auf die kleinen Spulen für das Webschiffchen aufgespult werden. Spulrad (links) und Garnwinde (rechts) zeigt dieses Foto, aufgenommen in der Stube des Hofes Cording in Vorwohlde. Zu sehen ist Alma Cording, geb. Thiermann.

Zur Flachsverarbeitung gehörte auch das Bleichen. Darüber schreibt Gertrud Hägedorn in ihrem Bericht über einen Bauernhof in Homfeld um 1850: *„Zum Weben wurde das Garn von der Bäuerin vorbereitet. In brauner Seife kochte sie das Garn und breitete es dann zum Bleichen auf der Wiese aus. Es musste so lange gebleicht werden, bis das Garn fast weiß wurde."*
Diesen Vorgang hat Pfaffenberg zwar nicht festgehalten, dafür eine Bleicherhütte, als Unterkunft des Wächters der den nächtlichen Diebstahl des Garns verhindern sollte.

Ländliches Handwerk und Nebengewerbe

In den Jahren 1929 bis 1931 fertigte Pfaffenberg drei Kleinserien von ländlichen Handwerken bzw. Nebengewerben an, vom Holzschuhmacher, vom Strohdachdecker und vom Seiler. Dabei kam es ihm nicht wie bei der Flachsverarbeitung darauf an, die Arbeitsschritte vollständig oder nahezu vollständig zu zeigen, sondern es ging ihm eher darum, die entsprechenden Handwerker bei der Arbeit mit verschiedenen Werkzeugen festzuhalten.

Sowohl Seilerei als auch Holzschuhmacherei und Strohdachdeckerei waren auf dem Lande traditionelle Gewerke. Holzschuhmacher und Strohdachdecker waren damals noch fast in jedem Ort vorhanden. Häuslinge und Kleinbauern führten das Handwerk im Nebengewerbe aus, um etwas Geld zur Landwirtschaft hinzuzuverdienen.

Es wird damals Pfaffenberg schon klar gewesen sein, dass alle drei Gewerke zu den sterbenden Handwerken gehörten. Die mit Stroh gedeckten Gebäude waren immer weniger geworden, Holzschuhe und Seile kamen vermehrt aus den mit Maschinen produzierenden Fabriken. So nutzte Pfaffenberg die Gelegenheit, die letzten in seiner Umgebung verbliebenen Handwerker auf den Fotos bei ihrer Arbeit festzuhalten. Wahrscheinlich ging es ihm darum, die Handwerke nicht ganz in Vergessenheit geraten zu lassen.

Der lange Bienenzaun mit den zahllosen Körben, den er 1926 auf einem Hof festhielt, beeindruckte ihn besonders. Von der Arbeit des Imkers gibt es keine Aufnahmen. Dabei hätten sie sich in einer Phase, als die Korbimkerei von der Kastenimkerei mit beweglichen Rähmchen abgelöst wurde, aus heutiger Sicht sicher gelohnt.

VOLKSKUNDE | HOLZSCHUHMACHER 239

Beide Fotos zeigen einen Holzschuhmacher aus der Gemeinde Nordsulingen, zu der auch Vorwohlde gehörte, beim Ausbohren des Schuhinneren mit dem langen Fersenmesser und dem Löffelbohrer.
Die äußere Form der Holzschuhe ist bereits fertig ausgearbeitet.
Im Bretterverschlag hinter dem massiven Ziegelsteingebäude scheint seine kleine Werkstatt, zumindest aber Lagerfläche für Rohlinge und Werkzeuge gewesen zu sein. Sehr schön zu sehen ist nicht nur der Holzschuhmacherbock als unverzichtbares Arbeitsgerät, sondern auch der Werkzeugkasten.

Der Holzschuhmacher 1930 beim Beschneiden und Glätten der oberen Ränder des Holzschuhs, die meiste Arbeit ist bereits getan.

1931 fotografierte Pfaffenberg noch einmal den Holzschuhmacherbock mit zwei noch kaum bearbeiteten Rohlingen, dazu mehrere Holzschuhe in unterschiedlichem Bearbeitungszustand. Hinzu kommen die verschiedenen Werkzeuge wie Löffelbohrer, Fersenmesser, Beil und Zugmesser. Zu keinem der Werkzeuge nennt er Namen oder gibt weitere Hinweise.

242 STROHDACHDECKER | VOLKSKUNDE

Strohdachdecker 1930 aus der Gemeinde Nordsulingen mit seinen wichtigsten Werkzeugen, z. B. dem Deckstuhl zum Festklemmen hinter einer Dachlatte mittels eines langen Dorns. Er konnte sich so Stück für Stück vorarbeiten, bis das gesamte Dach fertig war. Mit dem Klopfbrett beseitigte er Unebenheiten, die Deckung wurde fest.

VOLKSKUNDE | STROHDACHDECKER 243

Die Halme werden hier nach alter Art mit Weiden auf die Dachlatten gebunden. Zu der Zeit verwendete man auch schon Draht, Foto um 1930.
Die Arbeit vom Deckstuhl aus ist ebenfalls gut zu erkennen.
Neben dem Neueindecken war eine Hauptaufgabe des Strohdachdeckers die Reparatur der Dächer.
Neben dem Deckstuhl verwendete man, nicht nur für die unteren Bereiche, lange Leitern, wie auf den Fotos Pfaffenbergs von 1930 auf S. 158 u. S. 164 zu sehen ist.

Mitarbeiter einer Sulinger Seilerei. Es dürfte sich um die Seilerei von Karl Liebtrau in Sulingen handeln. Im Adressbuch für den Kreis Stolzenau und Sulingen von 1926 ist im Gewerbeverzeichnis für den Kreis Sulingen nur diese Seilerei aufgeführt. Extra für die Fotos Pfaffenbergs 1930 und 1932 dürften sich alle mit einem Teil der Gerätschaften draußen aufgestellt haben. Die viele Meter lange Seilerbahn wird sich, zumindest teilweise, im Inneren des im Hintergrund zu erkennenden Holzgebäudes befunden haben.

Dieses Foto veranschaulicht, wie mit dem Drehen der Kurbel der Seilermaschine auf dem einen und dem Zusammenführen der Fäden am anderen Ende ein kurzes Seil entsteht.
Weitere Arbeitsvorgänge sind leider von Pfaffenberg nicht fotografisch dokumentiert worden.

WISSENSCHAFTLICHE PUBLIKATIONEN VON KURT PFAFFENBERG

1926: Der Pastorendiek bei Sudwalde. Beiträge zur Naturdenkmalpflege 11, 194-196. Berlin.

1930: Das Geestmoor bei Blockwinkel (Kreis Sulingen in Hannover). Sonderdruck aus Jahrbuch der Preußischen Geologischen Landesanstalt, Band 51, 337-349. Berlin.

1933: Stratigraphische und pollenanalytische Untersuchungen in einigen Mooren nördlich des Wiehengebirges. Jahrbuch der Preußischen Geologischen Landesanstalt, Band 54, 160-193. Berlin.

1934/35 mit Hassenkamp, W.: Über die Versumpfungsgefahr des Waldbodens im Syker Flottsandgebiet. Schriften der Wittheit zu Bremen, Reihe B, herausgegeben vom Naturwissenschaftlichen Verein Bremen, XXIX. Band, Heft 1 u. 2, 89-121. Bremen.

1934/35: Das Interglazial von Tidofeld (Jeverland in Oldenburg). Schriften der Wittheit zu Bremen, Reihe B, herausgegeben vom Naturwissenschaftlichen Verein Bremen, XXIX. Band, Heft 1 u. 2, 122-128. Bremen.

1936: Bohlwege im Moor – die ältesten germanischen Kunststraßen. - Die Straße 16, 1936, 522-524.

1936: Pollenanalytische Altersbestimmung einiger Bohlwege im Diepholzer Moor. Nachrichten aus Niedersachsens Urgeschichte 10, 1936, 62-98.

1939: Entwicklung und Aufbau des Lengener Moores. Abhandlung Naturwissenschaftlicher Verein Bremen, XXXI. Band, Heft 1, 114-151. Bremen.

1939: Das Interglazial von Haren (Emsland). Abhandlung Naturwissenschaftlicher Verein Bremen, XXXI. Band, Heft 2, 360-376. Bremen.

1941: Über einige Moore aus der jüngsten Hebungsstufe in der Umgebung von Wilhelmshaven. Probleme der Küstenforschung im südlichen Nordseegebiet 2, 22-23. Hildesheim.

1941 mit weiteren Autoren: Zur jüngsten geologischen Entwicklung der Jadebucht – Pollenanalytische Altersbestimmungen von alluvialem Ton und Torf aus den Bohrungen bei Wilhelmshaven. Senckenbergiana, Band 23, Nr. 1/3, 48-56.

1942: Die geologische Lagerung und pollenanalytische Altersbestimmung der Moorleiche von Bockhornerfeld. Schriften der Wittheit zu Bremen, Reihe B, herausgegeben vom Naturwissenschaftlichen Verein Bremen, XXXII. Band, Heft 1, 77-90. Bremen.

1943 mit Dienemann, W.: Zur Alluvialgeschichte des Steinhuder Meeres und seiner Umgebung. Sonderdruck aus „Archiv für Landes- und Volkskunde von Niedersachsen", Heft 19, 430-448. Oldenburg.

1947: Getreide- und Samenfunde aus der Kulturschicht des Steinzeitdorfes am Dümmer. 94.-98. Jahresbericht der Naturhistorischen Gesellschaft zu Hannover für die Jahre 1942/43-1946/47 (1947), 69-82.

1952: Pollenanalytische Untersuchungen an nordwestdeutschen Kleinstmooren. Ein Beitrag zur Waldgeschichte des Syker Flottsandgebietes. Sonderdruck Mitt. der florist.-soziolog. Arbeitsgemeinschaft N.F., Heft 3, S. 27-43. Stolzenau, Weser.

1953 mit Dienemann, W.: Zur Alluvialgeologie der Umgebung des Dümmers. Veröffentlichung naturwissenschaftlicher Verein Osnabrück, 26, S. 60-62. Osnabrück.

1953: Die Untersuchung der paläolithischen Freilandstation von Salzgitter-Lebenstedt. 5. Pflanzenreste aus den Fundschichten von Lebenstedt. Eiszeitalter und Gegenwart, Band 3, 163-165. Öhringen/Württemberg.

1953: Das Wurzacher Ried. Eine stratigraphische und paläobotanische Untersuchung. Geologisches Jahrbuch, Band 68, S. 478-500, Hannover.

1954: Zur Frage des Grenzhorizontes in den Hochmooren des Jadegebietes. Zeitschrift der Deutschen Geologischen Gesellschaft, Band 105, Teil 1, S. 80-94.

1955: Neue urgeschichtliche Funde aus dem Altkreis Sulingen. - Die Kunde. Zeitschrift für niedersächsische Archäologie. NF 6, Heft 1-2. 1-5.

1957: Ein Eibenholzpfeil aus dem Wietingsmoor. Zeitschrift für nieders. Die Kunde. Zeitschrift für niedersächsische Archäologie. NF 8. Heft 3-4. 191-198.

1958: Geologische & botanische Untersuchungen an der Moorleiche aus dem Lengener Moor. Abhandlungen des Naturwissenschaftlichen Vereins Bremen, Band 35, Heft 2, 301-321. Bremen.

1961 mit Dienemann, W.: Der Landkreis Wittlage. Die Landkreise Niedersachsens, 18, S. 20-37, 75-85. Bremen.

1963: Der Dümmer und seine älteste Besiedlung. Neues Archiv Niedersachsen 12, 250-256. Göttingen.

1964 mit Dienemann, W.: Das Dümmerbecken. Beiträge zur Geologie und Botanik.– Veröffentlichungen des Niedersächsischen Instituts für Landeskunde und Landesentwicklung an der Universität Göttingen, Reihe A, Band 78. Hildesheim 1964.